中线
技术指标组合

MACD+SAR+BOLL+MA
技法应用与综合实战

刘益杰◎编著

中国铁道出版社有限公司
CHINA RAILWAY PUBLISHING HOUSE CO., LTD.

图书在版编目（CIP）数据

中线技术指标组合：MACD+SAR+BOLL+MA技法应用与综合实战/
刘益杰编著.—北京：中国铁道出版社有限公司，2024.4
ISBN 978-7-113-31074-5

Ⅰ. ①中… Ⅱ. ①刘… Ⅲ. ①股票交易-基本知识 Ⅳ. ①F830.91

中国国家版本馆CIP数据核字（2024）第047712号

书　　名：中线技术指标组合——MACD+SAR+BOLL+MA 技法应用与综合实战
　　　　　ZHONGXIAN JISHU ZHIBIAO ZUHE : MACD+SAR+BOLL+MA JIFA
　　　　　YINGYONG YU ZONGHE SHIZHAN

作　　者：刘益杰

责任编辑：杨　旭　　　编辑部电话：（010）51873274　　　电子邮箱：823401342@qq.com
封面设计：宿　萌
责任校对：刘　畅
责任印制：赵星辰

出版发行：中国铁道出版社有限公司（100054，北京市西城区右安门西街 8 号）
印　　刷：三河市宏盛印务有限公司
版　　次：2024 年 4 月第 1 版　2024 年 4 月第 1 次印刷
开　　本：710 mm×1 000 mm 1/16　印张：11.5　字数：170 千
书　　号：ISBN 978-7-113-31074-5
定　　价：69.00 元

前言

中线投资一直是股市中广受欢迎的投资类型之一，它的持股时间不会太长，通常在两三个月，相较于长线投资来说风险较低，也更加灵活，同时又不会像短线投资那般需要经常查看走势变动情况。

也正是由于中线投资的优势众多，所以，很多投资者选择中线进行投资，但如果投资者的技术分析能力无法与之匹配，是很难将其优势发挥完全的。因此，学习相关的技术分析方法和技巧就成了中线投资者实现盈利的必经之路。

至于选择何种技术分析方法进行学习，投资者可以根据自身情况选择。书中介绍的就是以 MACD、SAR、BOLL 和 MA 等技术指标为主要分析对象的中线投资策略。

这四个指标都是投资者在日常买卖过程中经常会使用到的。其中，MACD 指标和 SAR 指标适合用来判断确切的买卖点，前者分析较为复杂，但十分高效，后者则十分简单易懂，适合新入市的投资者使用。二者结合起来，能起到非常不错的研判效果。

BOLL 指标和 MA 指标则属于趋势型指标，更多地用于判断当前行情的运行方向及未来可能的变盘方向。这对于中线投资来说是很重要的，关系到投资者对买进成本的控制和卖出时机的把握，对于扩大收益、降低风险有很好的辅助作用。

书中内容就以这四大指标为基础，由浅入深地介绍每个指标的基本应用方法和进阶研判技巧，帮助投资者尽快掌握相应的分析方法。

全书共五章，可划分为两部分：

◆ 第一部分为第 1～4 章，分别针对四大指标进行详细讲解，每一章都从指标的计算或运行原理及结构讲起，随后过渡到基本应用方法，最后再介绍进阶分析方法及一些适用于中线投资的使用技巧，能够很好地帮助投资者学习和掌握。

◆ 第二部分为第 5 章，将四大指标融合到一起，借助真实的个股长段走势来分析中线投资的买卖点。比如牛市中的建仓点与加仓点的选择，止盈点与止损点的确定，以及震荡走势中中线投资技巧的应用等内容，帮助投资者尽快将理论融入实战中。

书中内容既注重基础，又介绍了大量进阶知识，覆盖面较广。同时，每一个理论知识都附带了真实的案例解析，图文并茂，注解详细，力求让投资者学懂、学会，这也是此书的优势所在。

最后，希望所有读者通过对书中知识的学习，提升自己的炒股技能，收获更多的投资收益。但任何投资都有风险，也希望广大投资者在入市和操作过程中谨慎从事，降低风险。

编 者

2024 年 1 月

目录

第 1 章　MACD 指标指导中线买卖

第 2 章　SAR 指标辅助中线分析

第 3 章　BOLL 指标确定中线趋势

第 5 章　中线实战：四大指标结合应用

第 1 章

MACD指标指导中线买卖

作为"指标之王"，MACD指标适用于大部分投资者，其中自然也包含中线投资者。根据对MACD指标各大构成要素的分析和研究，中线投资者可以进一步加强自己的技术分析能力，提升操作成功率。不过需要注意的是，投资者要根据实际情况具体分析后再进行决策，不要盲目跟随书中的理论操盘。

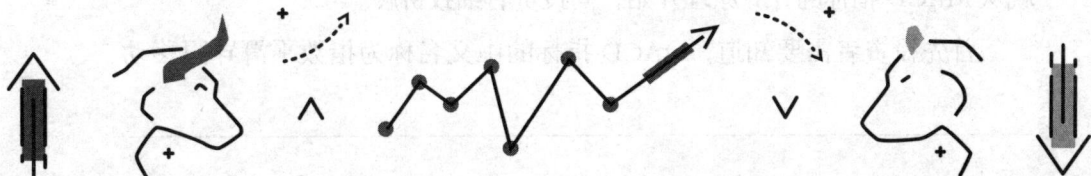

1.1 MACD 指标的基础应用

在学习 MACD 指标的实战应用技巧之前，投资者首先要做的是了解和熟悉 MACD 指标，并清楚它的原理及构成，知道指标表现出各种不同形态时传递出了哪些能够辅助中线投资决策的信号。

1.1.1 MACD 指标原理与构成

MACD 指标的构成相对比较简单，最重要也是最受投资者关注的是 DIF 和 DEA 两条指标线，其次是 MACD 柱状线和 0 轴。其中，MACD 柱状线有两种表现形式，0 轴以上的为红柱，0 轴以下的为绿柱，如图 1-1 所示。

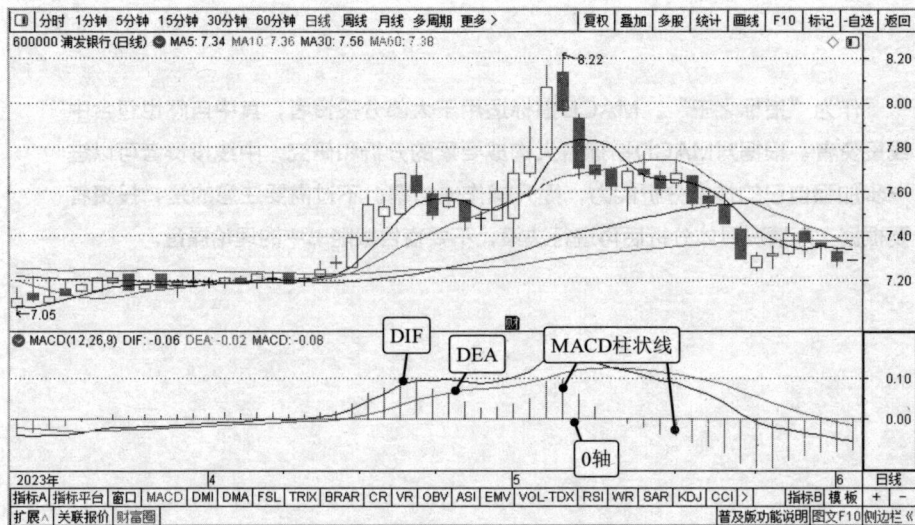

图 1-1 MACD 指标的构成

不难看出，MACD 指标整体简洁易观察，但其中包含的信息量却不少，不熟悉它的中线投资者很难真正挖掘出其深藏的关键信息。那么本节就从 MACD 指标的计算原理开始，向投资者细致讲解。

首先投资者需要知道，MACD 指标的中文名称为指数平滑异同移动平均线，其中的"平滑"和"移动平均"概念的由来，在于指标的计算原理。

MACD 指标中的 DIF 和 DEA 两条指标线是基于 EMA，即指数移动平均值设计的，它能够为 MACD 指标赋予"移动平均"的特性。同时，因为 EMA 自身带有特殊性和稳定性，它也能帮助两条指标线屏蔽掉一些短期波动，具备"平滑"特性。

因此，在计算 DIF 和 DEA 之前，首先需要计算的就是对应的 EMA 值。

（1）DIF 的计算

DIF 是 EMA12（即 12 日指数移动平均值）和 EMA26（26 日指数移动平均值）之间的离差值。所以，这里要先计算出 EMA12 和 EMA26 的数值，计算公式如下：

EMA12=（当日收盘价 − 前日 EMA）×2÷（12+1）+ 前日 EMA

EMA26=（当日收盘价 − 前日 EMA）×2÷（26+1）+ 前日 EMA

得出了 EMA12 和 EMA26 的数值后，计算 DIF 就很简单了，计算公式如下：

$$DIF=EMA12-EMA26$$

（2）DEA 的计算

DEA 是 DIF 的 9 日加权移动平均线，是经过平滑处理后的 DIF，计算公式如下：

$$DEA=（当日 DIF- 前日 DEA）×2÷（9+1）+ 前日 DEA$$

一般来说，加权移动平均线都会比原本的移动平均线更加迟缓和稳定一些，因此，DEA 也被称为慢线，DIF 称为快线。投资者通过图 1-1 也可以看到，DIF 的反应和变动速度确实要比 DEA 快，大部分时间二者形成的交叉形态都是以 DIF 为主导。

下面来分析 0 轴。0 轴的存在，意味着 DIF 和 DEA 有正负值之分，其中的关键在于 DIF。从其计算公式中可以看到，当 DIF 为正时，12 日指数移动平均值是大于 26 日指数移动平均值的，简单来说，就是最近 12 个交易日的平均成交价格比最近 26 个交易日的大。

这说明了什么？说明最近这段时间内股价是在不断上涨的。那么当 DIF 为正时，股价当前的走势会比以往积极，场内买盘占优。因此，0 轴以上的区域也被称为多头市场。

同理可得，当 DIF 为负时，股价近期走势向弱，场内卖盘更加强势，所以 0 轴以下的区域就被称为空头市场。

现在，中线投资者应该对 MACD 指标的设计原理和运行方式有了一个大致的了解，下面就可以开始一些基础应用的学习了。

1.1.2　MACD 柱状线的伸缩

要学习 MACD 柱状线的应用，还是要从基础原理开始。MACD 柱状线是在 DIF 和 DEA 的基础上计算得来的，原理十分简单，计算公式如下：

$$MACD 柱状线 =（DIF-DEA）\times 2$$

从 MACD 柱状线的公式可以推导出，当 DIF 与 DEA 之间的差值变小，MACD 柱状线的值也会缩小。同时由于 DIF 与 DEA 差值的正负性质不同，MACD 柱状线的值会呈现出两个方向的缩小，即当 DIF ＞ DEA，二者差值为正，当差值变小时，MACD 柱状线呈现正向减小；当 DIF ＜ DEA，二者差值为负，当差值变小时，MACD 柱状线呈现负向减小。这就是 MACD 柱状线在 0 轴两边有两种表现形式的原因。

当这种变化体现在指标走势中，DIF 位于 DEA 以上并向下靠近 DEA 时，MACD 柱状线在 0 轴上方，且会不断缩短；DIF 位于 DEA 以下并向上靠近 DEA 时，MACD 柱状线在 0 轴下方，且同样在缩短。

现在投资者应该明白 MACD 柱状线的伸缩形态该如何应用到实战中了。MACD 红柱的伸长代表着市场的追涨力度在加大，股价大概率在持续上涨；MACD 红柱的缩短则意味着股价涨势减缓，后续若无大量资金持续注入，股价最终变盘向下或横盘滞涨的可能性比较大。

MACD 绿柱的伸长则意味着卖盘挂单量在增加，股价会在竞价中不断下跌；MACD 绿柱缩短时，这种颓势就得到了一定的遏止，股价短暂筑底后有回升的可能。

当然，市场走势千变万化，影响因素也很多，不是每一次 MACD 柱状线的伸缩都能准确预示股价的走向，但有了这一参考后，中线投资者在买卖时还是能占据一定主动地位的。

下面通过一个案例来进行解析。

实例分析
金龙鱼（300999）MACD 柱状线的伸缩预示信号

图 1-2 为金龙鱼 2022 年 5 月至 8 月的 K 线图。

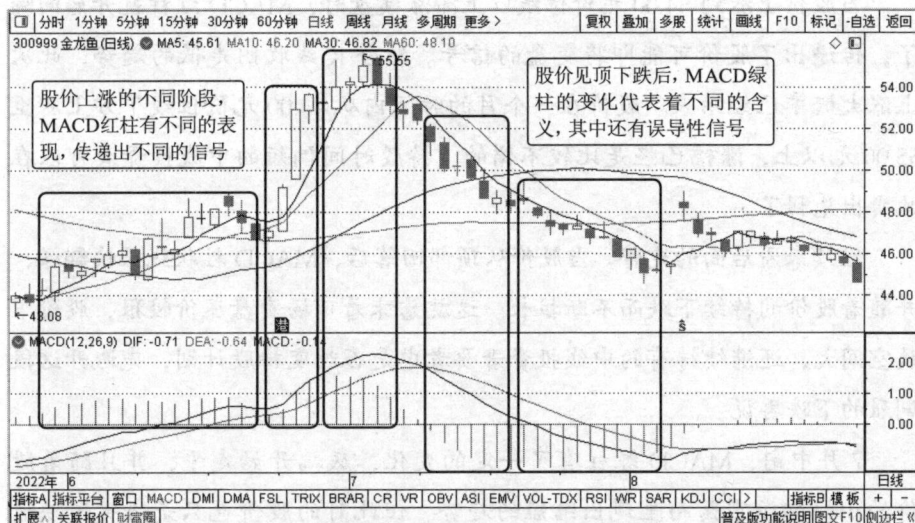

图 1-2　金龙鱼 2022 年 5 月至 8 月的 K 线图

从金龙鱼的这段走势中不难发现，在 6 月股价震荡上涨和持续拉升的两个阶段中，MACD 柱状线的表现是不一样的。

6 月上旬，股价的涨速不快，并且期间有过几次比较明显的回调。MACD 柱状线虽呈现为红色，但红柱整体更偏向于走平。这说明短时间内市场并没有给予足够的资金支持并推动股价上涨，无法带动 DIF 大幅向上远离 DEA，MACD 红柱自然也无法大幅拉长。

不过对于中线投资者来说，短期的震荡并不会对中期投资策略造成太大影响，只要股价趋势长期保持上扬就可以了，这种走势反而能给中线投资者提供很好的低位建仓和加仓机会。

6 月下旬，该股在经历了一次跌幅稍大的回调后开启了急速的拉升，涨速比前期大大加快。MACD 红柱随之大幅拉长，反应明显，从侧面印证了市场推涨的力度之强。

不过在几个交易日的拉升之后，该股又减缓了上涨走势，开始缓慢向上攀升。MACD 红柱此时的表现就不是那么积极了，在股价上扬的后期，红柱虽未明显缩短，但已经开始走平了。

当股价上涨到 54.00 元价位线以上滞涨横盘时，MACD 红柱就开始回缩了，传递出了股价可能即将变盘的信号。结合 K 线收阴走低的趋势，此次上涨大概率已经结束。股价在一个月的时间内从 44.00 元价位线下方上涨至 55.00 元以上，涨幅已经是比较不错的，持股时间偏短的中线投资者可以在此卖出兑利了。

继续来看后面的走势。当股价从顶部回落后，MACD 柱状线很快翻绿，并随着股价的持续下跌而不断拉长。这就意味着市场卖盘压价较狠，股价下跌空间大，还继续持有的中线投资者要考虑是否改变持股计划，先避开这段剧烈的下跌再说。

7 月中旬，MACD 绿柱有了一定的变化，底端开始走平，并且随着股价的小幅横盘震荡而呈现出缩短的趋势。但此时的股价也只是减缓了跌速而已，远没有达到反弹向上的地步。

7 月底，MACD 绿柱开始明显缩短，但股价还是没有表现出明显的回升，只是不断重复横盘→下跌→再横盘→再下跌的走势，跌速确实是减缓了，但也只是减缓而已，股价并没有真正上涨。

正是这种震荡"迷惑"了 MACD 指标，使得指标在经过计算后表现出了一定的误导性。中线投资者此时就要通过 K 线的表现判断出 MACD 指标的虚假信号，不要盲目建仓。

在后续的走势中，股价在 8 月初确实形成了一次明显的上涨，但持续时间太短，高度也受到了 30 日均线的限制，只能算是一次小幅的反弹，对于中线投资者来说基本没有意义，此处依旧不宜入场，应静待后市发展。

1.1.3　指标线的位置关系

MACD 指标线的位置关系根据参考系的不同，内在原理和传递出的信息也有所差别。如果是 DIF 与 DEA 之间的位置关系，涉及的是两条指标线因为加权平均而产生的差异；若是指标线与 0 轴之间的位置关系，涉及的就是 DIF 因为股价变动而产生的数值变化了。

在实际操作中，投资者不会只关注一种位置关系的变化，很多时候都是结合来看的。比如当股价上涨时，投资者会观察 MACD 指标中 DIF 和 DEA 是不是在 0 轴以上，DIF 是不是已经越过了 DEA 并持续上扬。当这两个条件都满足时，看涨信号的可靠性就能得到更有力的保障。

根据指标线之间的位置关系及指标线与 0 轴之间的位置关系，可大致组合出四种结果，具体含义如下：

- ◆ DIF 高于 DEA 且位于 0 轴以下，说明股价正从低位回升。
- ◆ DIF 高于 DEA 且位于 0 轴以上，说明股价处于持续上涨之中。
- ◆ DIF 低于 DEA 且位于 0 轴以下，说明股价还在持续下跌。
- ◆ DIF 低于 DEA 且位于 0 轴以上，说明股价正从高位回落。

需要注意的是，MACD 指标线在实际运行过程中能够形成的位置关系远不止这四种。比如 DIF 高于 DEA，但 DIF 在 0 轴以下，DEA 却在 0 轴以上；又比如 DIF、DEA 和 0 轴刚好重合在一起。

除此之外，DIF 与 DEA 的细微变化也会影响信号的强度，甚至会直接将信号彻底反转。比如当 DIF 高于 DEA 且位于 0 轴以下时，如果 DIF 只是短暂回升到 DEA 之上，在后续又不断向下靠近 DEA，这就不是股价从低位回升的信号了，而是股价短暂反弹结束后继续下跌的信号。

由此可见，技术指标在实际运行过程中的复杂程度还是比较高的，即便是 MACD 指标这种较为简单易懂的指标也是一样。因此，中线投资者在观察 MACD 指标线的位置关系时，还要根据实际情况来分析，不可盲目跟风操作。

下面通过一个案例来进行解析。

实例分析

宁波东力（002164）MACD 指标线的各种位置关系

图 1-3 为宁波东力 2021 年 10 月至 2022 年 4 月的 K 线图。

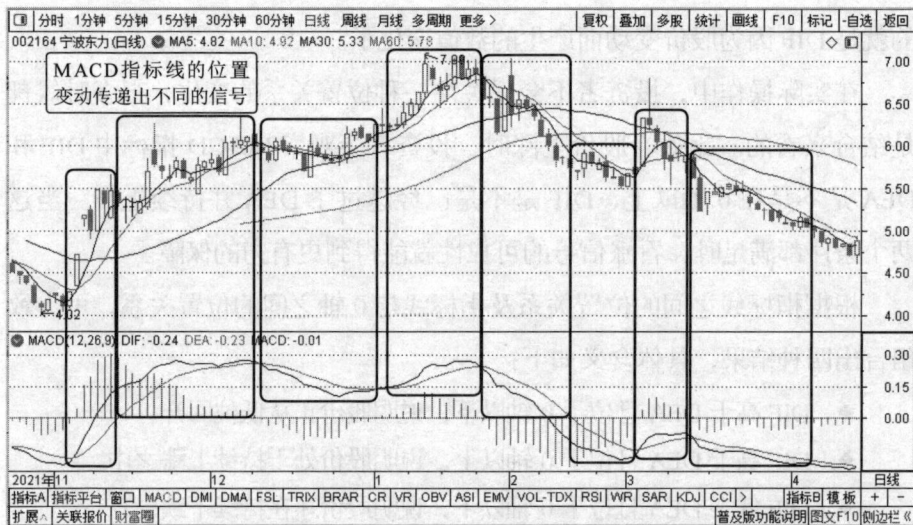

图 1-3　宁波东力 2021 年 10 月至 2022 年 4 月的 K 线图

图 1-3 中展示的是宁波东力一段比较完整的涨跌周期，在此期间，MACD 指标包含的信息量非常大，对中线投资者有很大的助益。

2021 年 11 月初，股价刚从上一波下跌中缓过来，在 4.00 元价位线附近横盘数日后大幅收阳拉升。MACD 指标此时也因为前期股价的下跌而处于

0 轴以下，但随着股价的拉升，DIF 运行到了 DEA 之上，传递出了低位回升的信号，与宁波东力目前的表现契合，信号可靠度较高，中线投资者可试着建仓入场。

11 月中旬，MACD 指标线都已进入了多头市场，DIF 依旧位于 DEA 之上，但有减缓上扬角度并靠近 DEA 的迹象，说明股价涨速可能有所降低。事实也确实如此，股价在 5.50 元价位线上受阻后就没有像拉升初期那样急速上冲了。不过这种走势对于中线投资策略的影响不大，投资者可以不必理会。

进入 12 月后不久，两条指标线都还位于 0 轴之上，但 DIF 转移到了 DEA 之下，说明股价可能从高处回落。K 线图中，股价确实在 6.00 元价位线附近受阻，并小幅跌到了 30 日均线附近，不过持续时间不长，股价很快就回归上涨了，中线投资者不必急于卖出。

观察 MACD 指标可以发现，DIF 在股价回升的带动下于 12 月底转折向上靠近 DEA，并于 2022 年 1 月初回到了 DEA 之上，再次表现出看涨信号，这个位置就可以作为中线投资者的加仓位。

1 月下旬，DIF 拐头向下靠近 DEA，并于 1 月底跌到了 DEA 下方，再次传递出股价从高处跌落的信号。观察 K 线可以看到，该股在 7.00 元价位线上滞涨后横盘了一段时间，于 1 月下旬明显下跌，并且在经过一次反弹后依旧突破失败，与 MACD 指标释放的信号契合。

此时，中线投资者的持股时间也近三个月了，无论是持股时间还是收益增幅都已经符合预期，可以卖出了。中途入场的中线投资者若不愿意就此卖出，可以再观望一段时间。

2 月中旬，DIF 和 DEA 相继跌到 0 轴以下，并且 DIF 依旧低于 DEA，释放出股价持续下跌的信号。在 K 线图中，股价跌到接近 5.50 元的位置，已经跌破了前期的加仓点，许多在回调位置入场的投资者开始亏损，那么此时就不要固执地遵守中线投资的持股时间要求了，尽快出局止损才是明智之举。

3 月初，DIF 在 0 轴下方拐头向上靠近并很快突破了 DEA。按照一般情况来推测，此时股价应该从低位回升，开启一波上涨，但根据行情目前的走向来看，股价小幅反弹后继续下跌的可能性更高，中线投资者暂时不要轻举妄动。

后续的走势也证实了这一点，该股在经历了数日上涨后，在中长期均线附近受阻并跌落，DIF 也在 DEA 上方运行一段时间后再度下跌，落到了 DEA 下方，形成持续看跌信号。此时，被套的中线投资者最好及时借高出局，场外的中线投资者则不宜介入。

1.1.4　MACD 指标的金叉应用

MACD 指标的金叉其实就是 DIF 自下而上突破 DEA 的形态，从另一个层面来看，即一条移动平均线突破了自己的 9 日加权移动平均线。

通过对 1.1.1 节的学习，投资者应该知道加权平均能够帮助平滑移动平均线的短期波动，使其更加稳定。那么当移动平均线突破在其基础上计算得来的加权移动平均线时，就意味着近期新加入的数据（也就是个股近期的成交价格）对该移动平均线产生了较大影响，使得新数值持续增高，最终突破一定周期内的加权移动平均值。

用通俗的话来解释，就是个股新的成交价格明显增大，慢线 DEA 跟不上快线 DIF 的增长速度，最终被突破。

由此可见，MACD 指标的金叉往往意味着股价近期有持续上涨的趋势，是一个后市向好的形态。

当其形成于 0 轴之上时（即高位金叉），这种信号将更加可靠，毕竟股价在多头市场中继续上涨的概率要比在空头市场中反转上涨大。不过，如果股价确实是从低位扭转上涨，那么中线投资者在 0 轴以下的金叉（即低位金叉）处买进的成本就会更低，同样情况下的获利空间会扩大不少。

还有一种情况，就是二次金叉。顾名思义，二次金叉就是短时间内第二次形成的金叉，它与一次金叉之间不能横向相隔太远，但可以纵向相隔一个 0 轴。

也正是由于 0 轴的存在，二次金叉有很多组合排列的方式。比如一次低位金叉 + 二次低位金叉、一次低位金叉 + 二次中位金叉（刚好位于 0 轴上或附近的金叉）、一次低位金叉 + 二次高位金叉等，每种组合的内在含义都有细微的不同。

下面直接通过一个案例来了解 MACD 指标金叉的应用。

实例分析

毅昌科技（002420）MACD 指标金叉的应用

图 1-4 为毅昌科技 2022 年 9 月至 2023 年 1 月的 K 线图。

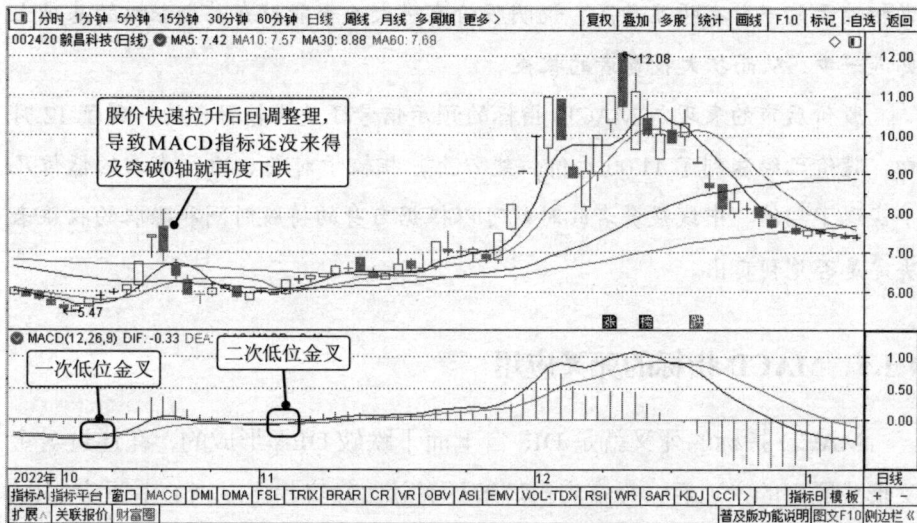

图 1-4　毅昌科技 2022 年 9 月至 2023 年 1 月的 K 线图

从图 1-4 中可以看到，自 2022 年 10 月初起，毅昌科技在大部分时间内都处于上涨之中。而在上涨初期，股价还处于相对低位，MACD 指标也位于 0 轴以下。

10 月初，毅昌科技在创出 5.47 元的阶段新低后转而上涨，很快便带动 MACD 指标在 0 轴之下形成了一个低位金叉。随着股价上涨的幅度逐渐加大，DIF 与 DEA 之间的差值也越来越大，传递出股价从低位回升后积极上涨的信号，中线投资者可以在此建仓买进。

10 月中旬，该股已经上涨到了 8.00 元价位线附近，但在此受阻后很快拐头向下回调。短时间内急涨急跌的走势导致 MACD 指标也跟随向下，并且由于股价上涨时间不长，DEA 没能向上接触到 0 轴，DIF 也只是小幅突破，随后便在股价下跌的带动下于 10 月底回到了 DEA 之下。

不过从后续的走势中可以看到，该股在 6.00 元价位线附近就得到支撑横盘了，并未跌破前期低点，因此，DIF 也只是在 DEA 下方不远处徘徊，没有继续下行。

11 月初，K 线开始连续收阳上涨。MACD 指标在其影响下拐头向上，DIF 再次在 0 轴以下突破 DEA，形成了一个二次低位金叉，并且该金叉的位置相较于前一个有明显升高，说明股价有很大概率能够在前期涨幅的基础上更进一步，从而扩大投资者的收益。

股价后市的表现与 MACD 指标的预示信号还是比较符合的，到了 12 月初，股价已经涨到了 11.00 元价位线以上，相较于前期 6.00 元左右的低位几乎实现了翻倍。中线投资者此时就可以根据自身的持股时间和赚取的收益来决定是否兑利卖出。

1.1.5 MACD 指标的死叉应用

MACD 指标的死叉就是 DIF 自上而下跌破 DEA 形成的，在通过对金叉形成原理的学习后，投资者再理解死叉就比较容易了。当 DIF 下穿 DEA 时，意味着个股近期的成交价格有了明显的下跌，导致快线 DIF 先一步转向并跌破慢线 DEA，发出看跌信号。

与金叉一样，MACD 指标的死叉也有高位死叉和低位死叉之分。其中，低位死叉对后市走弱的确定性更强，但高位死叉的风险性更高。对于中线投资者来说，更需要警惕的是高位死叉，这往往是关键卖点。

至于二次死叉，只要中线投资者不是被套场内或是等待后市回升机会，一般不需要刻意去追求。因为股价可能在一次死叉出现后就持续下跌了，明智的中线投资者早已出局，自然不会在意二次死叉何时出现。

但被套的投资者是需要的，因为二次死叉形成的前提是 DIF 回到 DEA 之上，也就是说，股价需要形成一次反弹，那么这个反弹的顶部就是被套投资者的止损点。这部分投资者要特别注意二次死叉是否出现，一旦形态确定形成，投资者就要迅速卖出止损。

下面通过一个案例来进行解析。

实例分析

普洛药业（000739）MACD 指标死叉的应用

图 1-5 为普洛药业 2022 年 11 月至 2023 年 3 月的 K 线图。

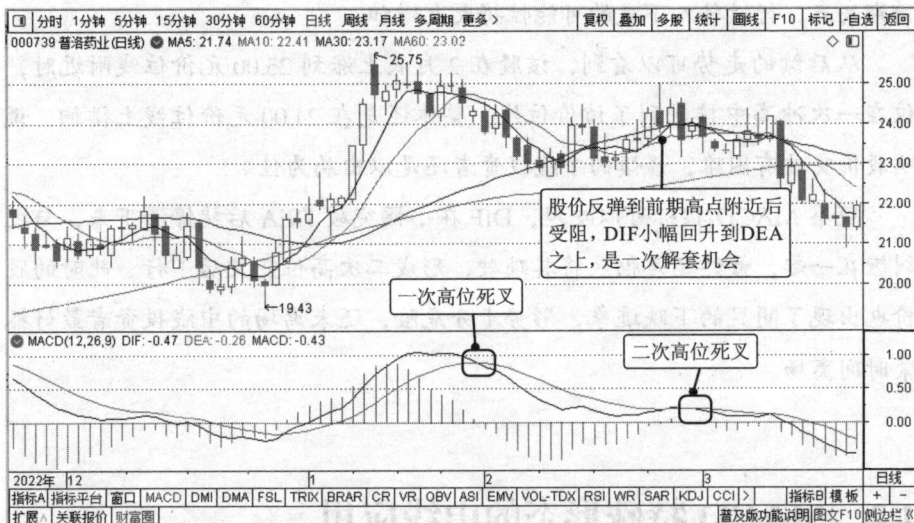

图 1-5　普洛药业 2022 年 11 月至 2023 年 3 月的 K 线图

从图 1-5 中可以看到，普洛药业从 2022 年 12 月底开始上涨，一路从 20.00 元价位线以下冲到了 25.00 元价位线以上，才在卖盘抛压的压制下形成横盘滞涨。

在此期间，MACD 指标在 0 轴以下形成一个金叉后持续上行，DIF 长期处于 DEA 之上，并随着股价的上升而不断与 DEA 拉开距离，MACD 红柱接连拉长，释放出了积极看涨的信号。

不过，当股价在 25.00 元价位线上方受阻后，MACD 指标的走势就有所变化了。首先产生变动的是 DIF，随着股价的横盘，DIF 也开始走平，与依旧上行的 DEA 不断靠近，导致 MACD 红柱缩短，发出了市场可能即将变盘的信号，要引起中线投资者注意。

2023 年 1 月底，股价出现了明显的破位下跌迹象，DIF 也干脆利落地跌破 DEA，形成了一个高位死叉，预示着下跌即将来临。

进入 2 月后，股价回落到 23.00 元价位线附近止跌横盘，但 DIF 依旧运行于 DEA 之下。即便股价后续形成回升，DIF 也只是缓慢向上靠近 DEA 而已，并没有果断突破后继续上扬的趋势，说明此次的上涨可能只是一次反弹。没有在前期高点卖出的中线投资者要特别关注此次反弹的高度，如果无法突破前期高点，行情转入下跌的可能性将大大增加。

从后续的走势可以看到，该股在 2 月底上涨到 25.00 元价位线附近时，仅在一次冲高中接触到了该价位线，整体还是在 24.00 元价位线上徘徊，说明股价突破有困难，谨慎的中线投资者还是以出局为佳。

观察 MACD 指标可以发现，DIF 在小幅突破 DEA 后就停滞下来，与之纠缠在一起，最终还是彻底将其跌破，形成二次高位死叉后下行。此时的股价也出现了明显的下跌迹象，形势十分危险，还未离场的中线投资者最好抓紧时间离场。

1.2 MACD 特殊形态的中线应用

MACD 指标的特殊形态指的是在特定情况下或特定行情走势中，DIF、DEA 及 MACD 柱状线配合形成的一些具有特殊研判意义的形态，对于中线投资十分实用。

一般来说，这些特殊形态都是有形成条件和标准程度要求的，只有达到要求的形态，才能更大限度地为中线投资者提供可靠的研判依据。下面就来解析一些常见的 MACD 指标特殊形态。

1.2.1　漫步青云

漫步青云指的是 DIF 与 DEA 形成一个高位死叉后下行至 0 轴附近，DIF 在小幅跌破 0 轴后拐头向上，于 0 轴附近上穿 DEA，形成一个中位金叉后持续上行，具体形态如图 1-6 所示。

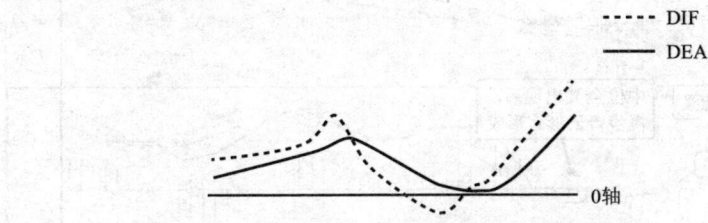

图 1-6　漫步青云形态示意图

该形态的研判关键在于 DIF 是否能够在小幅击穿 0 轴后立即回升突破 DEA 形成中位金叉，如果 DIF 在 0 轴之上就回升突破 DEA 了，则不能将其称为漫步青云。但形态对 DEA 的要求就宽松许多，其是否跌破 0 轴都没有太大影响，只要能与 DIF 在 0 轴附近形成中位金叉就可以了。

漫步青云的形成原因会根据行情的不同而不同，具体如下：

◆ 如果在上涨行情中，股价可能正在经历短暂回调结束后重新上涨的过程，中线投资者可将此作为建仓点或加仓点。

◆ 如果在震荡行情中，股价可能只是在进行常规的上下波动，但后市有上涨的可能，中线投资者可根据实际波动周期决定是否买进。

◆ 如果在下跌行情中，那么股价就有可能正在准备开启一波强势反弹，但前提是 DIF 和 DEA 在形成中位金叉后能够超越前期高点。被套的中线投资者可将其视作解套机会持续关注，场外中线投资者则不宜介入。
下面来看漫步青云形态的实战解析。

实例分析

诺泰生物（688076）MACD 指标漫步青云实战

图 1-7 为诺泰生物 2022 年 11 月至 2023 年 3 月的 K 线图。

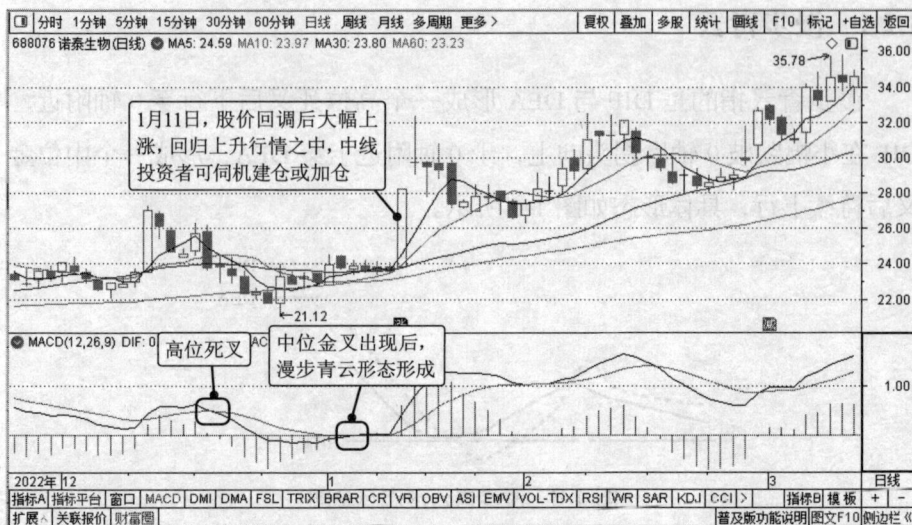

图 1-7 诺泰生物 2022 年 11 月至 2023 年 3 月的 K 线图

图 1-7 中展示的是诺泰生物的上涨行情，从均线组合的走势就可以看到，自 2022 年 12 月开始，60 日均线就保持着长期上扬的趋势，尽管期间股价反复震荡，但只要中长期均线支撑作用不减，上涨趋势就不会被打破。因此，中线投资者可以尝试着在这段行情中做多，但应借助相关指标进行。

观察 MACD 指标可以发现，在 2022 年 12 月中旬，股价上涨到 27.00 元价位线附近受阻回调的同时，DIF 迅速拐头向下，在 0 轴以上与 DEA 形成了一个高位死叉，之后随着股价的下跌而持续下行。

12 月底，该股在 60 日均线附近得到支撑止跌，随后开始缓慢回升。此时 MACD 指标中的 DIF 已经跌到了 0 轴以下，但 DEA 尚未跌破，随着股价的逐渐回升，DIF 也缓慢向上转向，最终于 2023 年 1 月初在 0 轴附近上穿 DEA，形成了中位金叉。

在这个中位金叉出现后，漫步青云的形态其实就已经形成了，大胆的中线投资者可以尝试建仓。但由于股价此时正好又在 24.00 元价位线的压制下形成横盘，导致 DIF 和 DEA 在 0 轴上横移，后市看涨的信号还不太明显。因此，投资者可以不必急于买进，等到此次横盘结束后依据股价变盘方向来确定投资策略。

　　1 月 11 日，该股在以高价开盘后迅速上冲，在短短半个小时内就冲上了涨停板，并封板直至收盘，当日收出一根光头光脚的涨停大阳线。而且由于诺泰生物在科创板上市，单日涨停幅度高达 20%，看涨信号极其强烈。

　　此时，一直对该股保持关注的中线投资者就有机会在股价涨停前抢先买进，其他投资者若是错过了这次机会，还可以继续等待后市的建仓点，比如 2 月初和 2 月底这两个回调低点。

1.2.2　小鸭出水

　　小鸭出水指的其实就是二次金叉，并且两个金叉都形成于 0 轴以下。在第二个低位金叉出现后，DIF 和 DEA 持续上行，直至突破到 0 轴以上，完成"出水"，如图 1-8 所示。

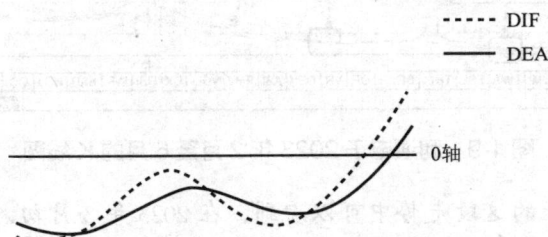

图 1-8　小鸭出水形态示意图

　　小鸭出水往往意味着股价正从低位回升，并且在回升过程中还存在一定的震荡。不过在震荡结束后，只要短时间内 MACD 指标不大幅变盘向下，股价将持续向好，震荡过程中的低点就是中线投资者的建仓机会。

　　需要注意的是，两个金叉之间的横向距离不能太远，如果 DIF 和 DEA 在金叉之间出现了反复震荡但没有交叉的走势，小鸭出水的标准程度就要大打折扣，看多信号也就没有那么可靠了。

　　同时，第二个低位金叉需要高于第一个，这样才能确保股价在震荡中保持着上扬的走势，而不是在短暂反弹后回归下跌。

　　下面选取一个案例来解析小鸭出水形态的中线应用。

实例分析

利通电子（603629）MACD 指标小鸭出水实战

图 1-9 为利通电子 2023 年 2 月至 6 月的 K 线图。

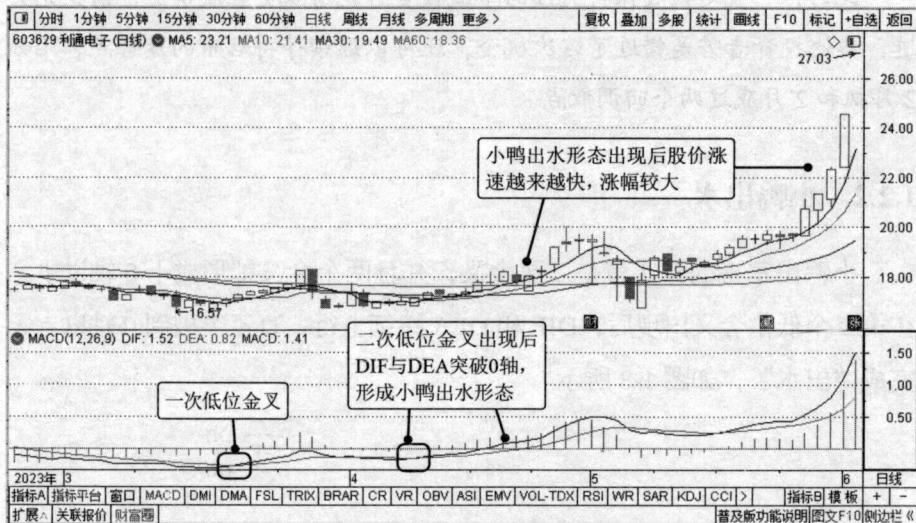

图 1-9 利通电子 2023 年 2 月至 6 月的 K 线图

从利通电子的这段走势中可以看到，在 2023 年 3 月初，股价正处于下跌状态中，两条中长期均线也覆盖在其上方呈压制状态，说明前期市场低迷，交投较为冷清。这一点在 MACD 指标的走势中也有所体现，DIF 与 DEA 都在 0 轴以下运行。

不过到了 3 月中旬，这种颓势有了改善。该股在创出 16.57 元的阶段新低后止跌，数日后开始收阳回升，短期内涨势比较稳定，带动 DIF 拐头向上，在 0 轴以下突破 DEA 形成低位金叉，传递出了股价从低位回升的信号。此时，中线投资者可对该股保持关注，但不必急于入场，因为中长期均线的压制作用依旧存在。

3 月底，股价在小幅越过 18.00 元价位线后受阻回落，导致 DIF 拐头向下，回到了 DEA 下方。但由于此次股价回调的幅度不大，没有跌破前期低点，DIF 也只是在跌破 DEA 后横向运行，并未继续向下。

进入 4 月后不久，K 线开始收阳上涨。DIF 受其带动向上回升，成功突破 DEA 后形成了二次低位金叉，小鸭出水的雏形出现。理论上投资者已经可以买进了，但在 DIF 与 DEA 仍未突破 0 轴的情况下，谨慎的中线投资者还是应以观望为佳。

一段时间后，股价上涨的速度越来越快，最终于 4 月底突破前期压力线，来到了更高的位置。与此同时，DIF 与 DEA 也在股价积极上涨的带动下成功突破到了 0 轴以上，小鸭出水形态彻底成立，谨慎的中线投资者也可以尝试着建仓入场了。

从后续的走势可以看到，该股在上涨至 20.00 元价位线附近才受阻回调，一直跌到前期低点附近后止跌重拾升势。到了 6 月，该股已经在连续的上涨中冲上了 24.00 元价位线，涨幅相当可观，中长线投资者可继续持有，直到这一波涨势结束。

1.2.3 空中加油

空中加油也叫空中缆车，与小鸭出水形态十分类似，都是由前低后高的两个金叉构成的，区别在于空中加油的两个金叉都位于 0 轴以上，具体形态如图 1-10 所示。

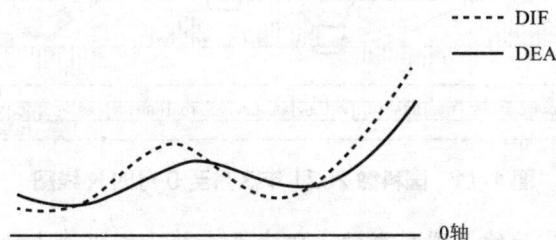

图 1-10 空中加油形态示意图

空中加油意味着股价是在上涨趋势中发生震荡的，并且在短暂的回调结束后，股价能够回归上涨走势。因此，DIF 和 DEA 在形成二次高位金叉后会持续上扬，直至超越前期高点，达到"加油"的目的。

正是由于该形态是在上涨期间形成的，许多中线投资者在前期已经入场，因此，空中加油的位置就常被视作加仓点。当然，中途追涨入场的中线投资者也可以在此建仓，只是要注意控制买进成本。

这里同样需要注意，两个金叉之间的位置不可以隔得太远，DIF 与 DEA 在金叉构筑期间也不能形成太过频繁的震荡，这样不利于形态的确定。

下面通过一个案例来进行解析。

实例分析

国科微（300672）MACD 指标空中加油实战

图 1-11 为国科微 2021 年 3 月至 9 月的 K 线图。

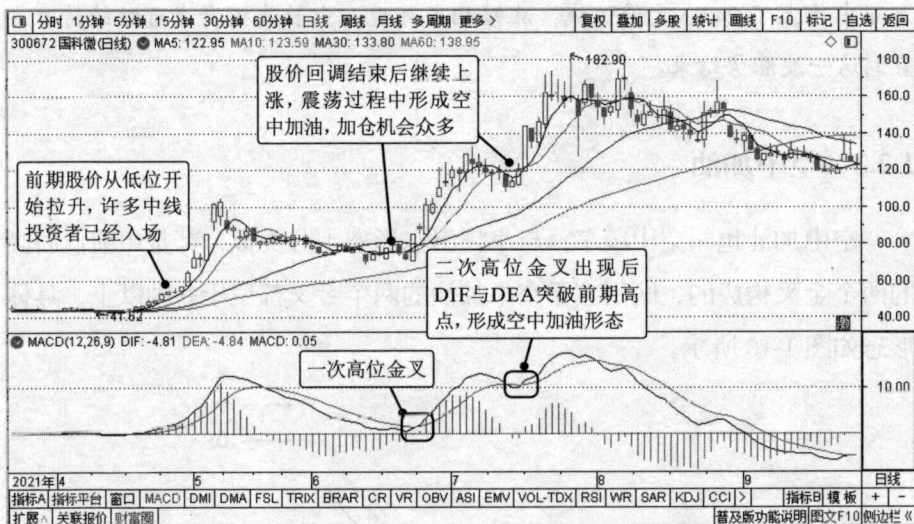

图 1-11　国科微 2021 年 3 月至 9 月的 K 线图

图 1-11 中展示的是国科微的一段上涨走势，可以清晰地看到，该股是在 2021 年 4 月中旬之后才开始快速上涨的。在此之前，股价长期在 40.00 元价位线以上横向运行，市场表现不佳，交投相对低迷，MACD 指标线也在 0 轴附近横向运行。

直到股价开始拉升后，MACD 指标线才表现出了积极上扬的走势。在此期间有不少中线投资者趁机建仓买进，以抓住后续涨幅。

5 月中旬，该股在 100.00 元价位线上受阻后回落，结束了此次拉升。

DIF 立即跟随拐头向下，运行到 DEA 下方后持续下行，直至在 80.00 元价位线附近得到支撑，减缓下跌速度。

此次回调一直持续到了 6 月底，K 线才开始大幅收阳，回归上涨轨道。与此同时，DIF 也拐头向上突破 DEA，在 0 轴上方形成了一个高位金叉，传递出回调结束、上涨延续的信号，是中线投资者的加仓机会。

进入 7 月后不久，股价在 120.00 元价位线附近受阻回落，导致 DIF 拐头向下跌破 DEA。不过股价此次的回调幅度不大，持续时间也不长，DIF 没有跌破 DEA 太多就随着股价的回升而再度上穿，形成了一个二次高位金叉。

这个高位金叉的出现加上股价积极的上涨走势，MACD 指标的空中加油形态已经十分明朗了。即便此时 DIF 和 DEA 还未彻底突破前期高点，中线投资者也可以抓紧机会加仓，以扩大收益和降低持股成本。

从后续的走势可以看到，此次上涨后股价便在 180.00 元价位线附近受阻，并出现了行情转势的迹象。此时该股相较于上涨初始的 40.00 元，涨幅已经达到了惊人的 350%。即便是相较于上一个加仓点 120.00 元，涨幅也有近 50%，对于中线投资者来说已经是比较可观的收益了。

因此，随着股价的持续下跌和反转信号的逐渐加强，中线投资者需要及时借高出货，就算持股时间还未达到中线投资的一般水平也不能再冒险持有，毕竟保住收益更加重要。

1.2.4　黑马飙升

黑马飙升指的是在上涨行情中，股价在某段时间内急速上涨，带动 MACD 指标线迅速向上拉升，DIF 与 DEA 之间的距离持续加大，DIF 在 MACD 红柱的支撑下不断上扬，具体形态如图 1-12 所示。

要形成这样的走势，股价短时间内的上涨速度要非常快才行。并且 MACD 红柱支撑 DIF 上扬的形态，要求 MACD 指标线在拉升开始就处于 0 轴以上或 0 轴附近，这样才能确保黑马飙升的可靠性。

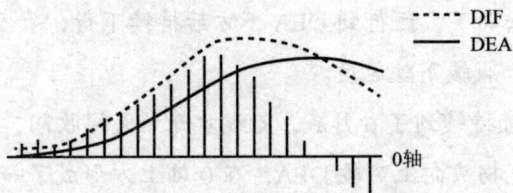

图 1-12　黑马飙升形态示意图

不过，根据股市运行的规律来看，黑马飙升形态不会持续太长时间，原因主要有两个：

第一，股价经过短时间快速飙升后需要释放抛压。简单来说，就是大量投资者在赚取这波利润后急于兑现，导致卖盘挂单量增加，不利于股价后市的继续上涨，因此，市场需要通过某种方式将这种压力释放出去，最常见的就是回调压价，刺激交易。

在这种情况下，股价会下跌，自然带动 MACD 指标线拐头向下，也就破坏掉了黑马飙升的积极走势，传递出中短期卖出信号。

第二，如果股价持续上涨，MACD 指标可能会形成高位钝化。钝化是一种线性技术指标特有的走势，指的是指标线在高位或低位发生黏结及走平，导致该指标失去指示意义的形态。MACD 指标的高位钝化就是指股价还在上涨时，DIF 与 DEA 在高位黏合并走平，如图 1-13 所示。

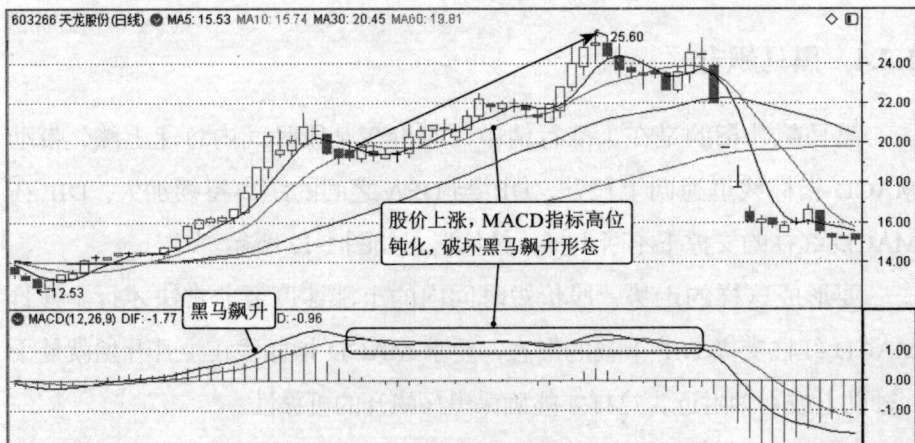

图 1-13　MACD 指标的高位钝化

在这种情况下，黑马飙升的形态虽然被破坏，但股价并未产生下跌，中线投资者完全可以继续持有，甚至伺机加仓。

由此可见，实战中个股复杂的走势要求投资者具体情况具体分析，不可按照理论生搬硬套，否则可能会遭受损失。

下面通过一个案例来进行解析。

实例分析

海油工程（600583）MACD 指标黑马飙升实战

图 1-14 为海油工程 2022 年 7 月至 2023 年 2 月的 K 线图。

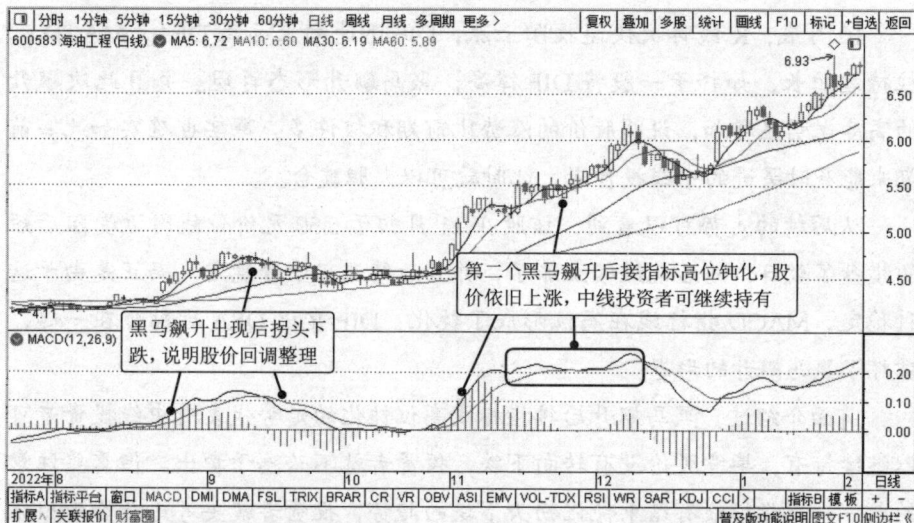

图 1-14　海油工程 2022 年 7 月至 2023 年 2 月的 K 线图

从图 1-14 中可以看到，海油工程正处于上涨行情之中，期间震荡不断，MACD 指标走势也不算稳定，但指标线能够长期保持在 0 轴以上，就说明了市场中大部分时间是多头占优的，很适合中线投资者参与。

不过在 2022 年 8 月初，MACD 指标线还位于 0 轴以下，说明股价依旧处于弱势。直到 8 月中旬，该股的上涨趋势逐渐清晰，MACD 指标线才突破到了 0 轴以上，这时中线投资者才可介入。

8 月下旬，K 线突然连续收阳上涨，短期涨速较快，带动 DIF 迅速向上远离 DEA，并在 MACD 红柱的支撑下持续上扬，形成了黑马飙升形态。但不久之后，股价就在 4.75 元价位线附近受阻滞涨，导致 DIF 下降靠近 DEA，黑马飙升形态被破坏。

虽然此次黑马飙升持续的时间不长，但它依旧能够向中线投资者传递出明确的看涨信号。中线投资者如果没来得及在黑马飙升期间买进，也可以继续等待回调低点或下一波拉升的到来。

9 月底，该股回调至 60 日均线附近得到支撑后走平，期间股价的高点被限制在了 4.50 元价位线附近，但低点是在逐步上移的。再加上 MACD 指标线在 0 轴上方徘徊却不彻底跌破，说明不久之后该股可能会向上变盘，激进的中线投资者此时就可以试探着低位建仓了。

10 月底，K 线再次快速收阳上涨，DIF 迅速向上远离 DEA，MACD 红柱持续拉长，如杆子一般将 DIF 撑高，黑马飙升形态再现。并且此次飙升的高度也明显增加，说明股价的涨势比前期积极许多，事实也确实如此。前期未能及时买进的中线投资者，此时就可以大胆建仓。

从后续的走势可以看到，该股在 11 月初于 5.50 元价位线附近受阻后短暂横盘了数日，随后就继续上涨了，并且后续涨势十分稳定。而正是由于这种稳定，MACD 指标线在高位形成了钝化，DIF 靠近 DEA 后黏合在一起，破坏了黑马飙升的形态。

前面介绍过，黑马飙升后接指标线高位钝化的走势代表着中线投资者可以继续持有，毕竟股价没有转向下跌，投资者就不必急于卖出。但需要注意的是，一旦指标线有结束钝化拐头下跌的趋势，投资者就要考虑是否卖出兑利了，因为这代表着股价即将回调或反转。

1.2.5　鳄鱼张嘴

鳄鱼张嘴指的是 DIF 向下靠近 DEA 后并未彻底跌破，而是在某一位置停滞后再度上扬远离 DEA，形成的类似于鳄鱼向上张嘴的形态，具体形态如图 1-15 所示。

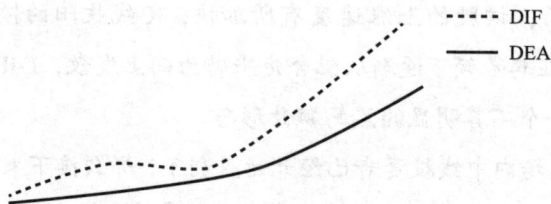

图 1-15　鳄鱼张嘴形态示意图

从图 1-15 中可以看到，鳄鱼张嘴是一种十分贴切的形容，能够让投资者立即记起形态的走势和细节，同时也能更好地理解形态的原理。

要让 MACD 指标线形成这种状态，股价大概率是在短暂小幅回调或横盘后继续上涨。也就是说，鳄鱼张嘴的形态几乎对中线投资者的持股计划没有太大影响，已经建仓完毕的投资者不必理会，还需要加仓的投资者则可以借助该形态低吸，降低持股成本。

拓展知识　*与鳄鱼张嘴非常类似的形态*

　　MACD 指标还有一种形态几乎与鳄鱼张嘴一模一样，但比鳄鱼张嘴要求更加严格，那就是拒绝死叉。拒绝死叉顾名思义就是指标线想要构筑死叉但失败的形态，这就要求 DIF 与 DEA 靠得更近甚至黏合在一起，但不能形成交叉。在实战中，拒绝死叉没有鳄鱼张嘴常见，但传递出的看涨信号是比较可靠的，中线投资者可以大致了解。

下面通过一个案例解析鳄鱼张嘴形态。

实例分析

中坚科技（002779）MACD 指标鳄鱼张嘴实战

图 1-16 为中坚科技 2022 年 1 月至 4 月的 K 线图。

从中坚科技的这段走势中可以看到，该股在 2022 年 1 月的走势并不算积极，但 60 日均线还是保持着一定的上扬角度，说明市场趋势整体向上，中线投资者可在此段走势中尝试做多。

进入 2 月后，该股的上涨速度有所加快，K 线收阳的幅度也加大了。MACD 指标线在其带领下逐渐从黏合走平转为向上发散，DIF 逐步向上远离 DEA，形成了一个不算明显的黑马飙升形态。

此时，许多场内中线投资者已经开始盈利了，那么接下来就要按兵不动，不能一看到盈利就卖出兑现，这不符合中线投资策略。

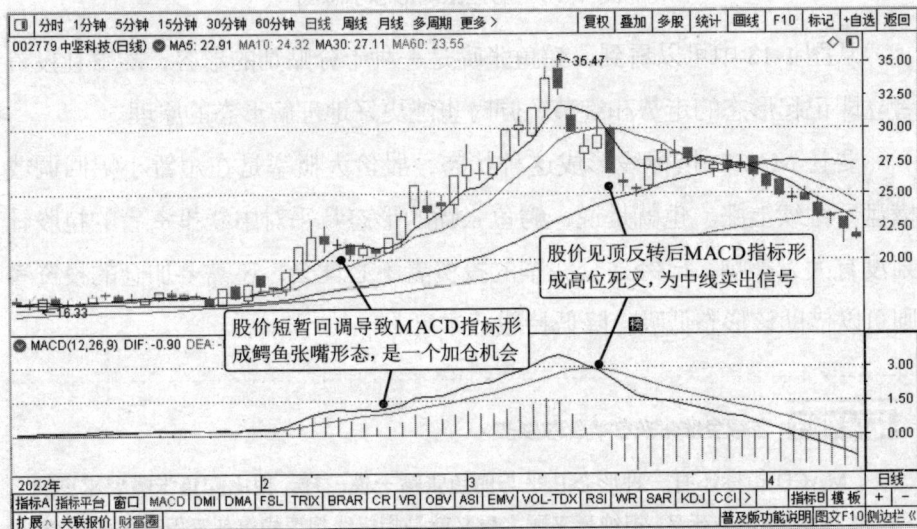

图 1-16　中坚科技 2022 年 1 月至 4 月的 K 线图

继续来看后面的走势。2 月上旬，该股在 22.50 元价位线附近受阻后小幅回调，导致 DIF 走平靠近依旧上行的 DEA，MACD 红柱有所缩短。不过数日之后，该股便在 10 日均线的支撑下继续上涨了，甚至都没有破坏均线组合的多头排列形态，可见此次回调幅度的微小程度。

反观 MACD 指标可以发现，DIF 还未接触到 DEA 就被重新上涨的股价带回了上扬轨道，再次远离 DEA，形成了一个鳄鱼张嘴的形态。并且在后续股价持续攀升的过程中，DIF 与 DEA 始终保持着一定距离，代表着涨势的积极。中线投资者可以继续持有，或者在鳄鱼张嘴形态附近伺机加仓，摊低成本。

从后续的走势可以看到，该股一直上涨到最高 35.47 元才回落，进入下跌之中。由于该股短时间内跌速较快，DIF 拐头向下数日后就彻底跌破了

DEA，并与之一同持续下行，传递出了明显的反转信号。

此时的市场走势就与前期鳄鱼张嘴期间的小幅回调大相径庭，当高位死叉形成时，股价已经跌到了 30 日均线附近，也就是 25.00 元价位线上，相较于前期 35.00 元左右的高价，跌幅已有约 28.57%，远远大于 2 月回调的幅度。再加上 MACD 指标也发出了强势的看跌信号，因此，中线投资者最好迅速卖出兑利，避免被套场内。

1.2.6 汤匙渐下

汤匙渐下中的"汤匙"指的是 DIF 跌破（突破）DEA 并向下（向上）远离后，形成的一个类似于汤匙的形态。而"渐下"指的是 DIF 与 DEA 在形成汤匙的过程中持续下移的走势，如图 1-17 所示。

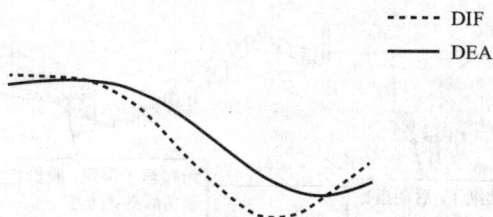

图 1-17 汤匙渐下示意图

汤匙渐下往往是股价拐头下跌导致的，根据形态与 0 轴之间的位置关系，汤匙渐下传递出的信号也略有区别。

◆ 低位汤匙渐下：指的是全部或大部分"汤匙"都位于 0 轴以下，说明股价前期已经经历了一波下跌，此处的汤匙渐下可能就是股价反弹结束后继续下跌的信号。

◆ 高位汤匙渐下：指的是全部或大部分"汤匙"都位于 0 轴以上，说明股价可能刚从高位跌落，或者处于强势反弹的后期，此处的汤匙渐下依旧是看跌信号。

尽管两种汤匙渐下都是看跌信号，但投资者仔细观察就可以发现，在汤匙渐下的尾部，DIF 重新拐头向上并突破了 DEA，形成黄金交叉。这就说明在汤匙渐下后期，股价是有回升可能的，不过这种回升到底是回归上涨还是小幅反弹，还应根据实际情况进行分析。

当然，在汤匙渐下形态构筑前期，投资者很难判断出后续 DIF 会不会反转并突破 DEA，因此，不能寄希望于此，先行卖出比较稳妥。

下面通过一个案例来进行解析。

实例分析

新疆交建（002941）MACD 指标汤匙渐下实战

图 1-18 为新疆交建 2022 年 8 月至 2023 年 3 月的 K 线图。

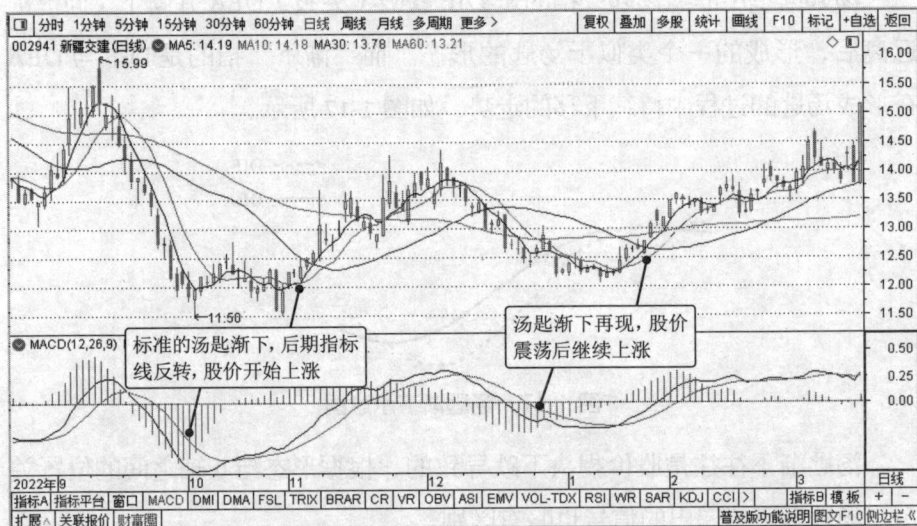

图 1-18　新疆交建 2022 年 8 月至 2023 年 3 月的 K 线图

从图 1-18 中可以看到，新疆交建在这段时间内呈现出的走势更偏向于震荡，理论上不太适合做中线，但其中依旧有不可放过的获利机会，中线投资者要学会如何在这种走势中操作。

在 2022 年 9 月初，股价进行了一次强势反弹，短时间内从 13.00 元价位线附近冲到了接近 16.00 元的位置，使得原本运行于 0 轴以下的 MACD 指标线拐头向上，突破到了多头市场之中。

但就在股价创出新高的当日，K 线收出了一根冲高回落的大阴线，后续更是持续下跌，短短数十日就跌破了前期低点，短期跌幅较大。MACD 指标受此影响也出现了急剧的下跌，DIF 与 DEA 在 0 轴以上形成死叉后很快跌破 0 轴，汤匙渐下形态的雏形出现。

由于股价跌速较快，此次的汤匙渐下前期形态十分标准，当前传递出的看跌信号自然也十分强烈，中线投资者不要轻易介入，应以观望为主。

10 月中旬，该股跌到了 11.50 元的位置后止跌并小幅回升，使得 DIF 和 DEA 都减缓了下跌角度，DIF 更是表现出了拐头向上的趋势，最终于 10 月中旬成功突破 DEA，构筑出了一个完整的汤匙渐下形态。

此时的汤匙渐下形态传递出的就是股价即将变盘向上的信号，大胆的中线投资者可以试探着建仓。

从后续的走势可以看到，该股此次的反弹幅度并不大，但回落后不久就再次向上发起冲击，成功带动 MACD 指标线持续上扬，来到了 0 轴以上，涨幅比较可观，中线投资者的收益也很不错。

12 月初，股价在 14.50 元价位线附近受阻后拐头下跌，转向速度比较快。MACD 指标线迅速形成一个高位死叉后转向下跌，开始构筑汤匙渐下形态，发出卖出信号，中线投资者要注意及时出局。

此次下跌一直持续到 2023 年 1 月初，股价才在 12.00 元价位线上方止跌并再次回升。DIF 再次反转向上突破 DEA，形成了一个完整的汤匙渐下形态，传递出了二次买进的信号。前期已经出局的中线投资者可以在此重新建仓，一直持有的投资者则可以适当加仓，增加获利砝码。

1.2.7 拒绝金叉

拒绝金叉就是前面介绍过的拒绝死叉技术形态的翻转，指的是 DIF 向上靠近 DEA 后并未彻底突破，而是与 DEA 形成重叠或黏合，最终在股价下跌的影响下拐头继续下行，没有与 DEA 形成金叉，具体形态如图 1-19 所示。

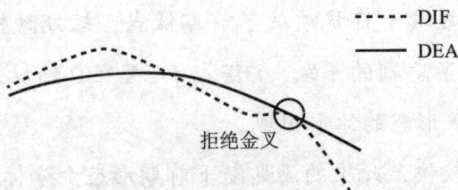

图 1-19 拒绝金叉示意图

由此可见，拒绝金叉是在死亡交叉之后出现的形态，它意味着股价在反转下跌后试图反弹，但由于上方压力较重，买盘支撑力又不足，导致股价反弹幅度过小，DIF 没能成功突破 DEA。因此，拒绝金叉一般释放的是短中期看跌的信号。

根据拒绝金叉与 0 轴的关系，可将其分为高位拒绝金叉、中位拒绝金叉和低位拒绝金叉。其中，低位拒绝金叉发出的信号最为消极，往往形成于持续的下跌过程中，中线投资者在遇到时不可轻易参与。

下面通过一个案例来进行解析。

实例分析

蓝海华腾（300484）MACD 指标拒绝金叉实战

图 1-20 为蓝海华腾 2020 年 9 月至 2021 年 1 月的 K 线图。

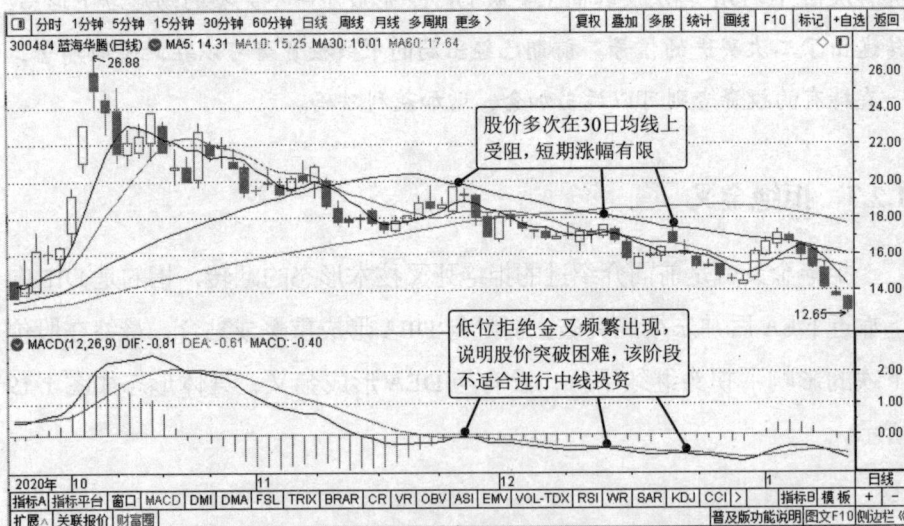

图 1-20 蓝海华腾 2020 年 9 月至 2021 年 1 月的 K 线图

从蓝海华腾的这段走势中可以看到，该股自从在 2020 年 10 月上旬连续上涨并创出 26.88 元的新高后，就迅速拐头转入下跌行情之中了。原本运行于 0 轴上方高处的 MACD 指标线也跟随向下，形成高位死叉后持续下行，开始构筑汤匙渐下形态。

此时，大部分的中线投资者应该都已经卖出了，但还是有一些高位买进或没赶上最佳卖出时机的投资者被套场内，这部分投资者就要寻找合适的位置解套了。

11 月中旬，该股跌至 60 日均线附近后止跌并形成了一段反弹。不过从 MACD 指标线的表现来看，DIF 只是小幅上升靠近了 DEA，还没来得及将其突破就被再次下跌的股价带动下行，形成了一个低位拒绝金叉。

这个拒绝金叉的出现意味着股价突破有困难，再加上 30 日均线对 K 线的压制，股价后市发展不容乐观，中线投资者要及时认清当前下跌不可逆的形势，进而迅速出局，避免遭受更大的损失。

从后续的走势也可以看到，该股在 2020 年 12 月进行了多次反弹，但幅度都比较小，高点也没能突破 30 日均线的封锁。MACD 指标在 0 轴以下同步震荡，但由于股价的反弹幅度不足，DIF 多次与 DEA 形成低位拒绝金叉，进一步证实了看跌信号的强烈。

在此期间，场内的中线投资者要尽早卖出，场外的投资者则应以观望为佳，或另寻其他优质个股进行操作。

1.3　MACD 的中线背离形态

在股市中，大部分的技术指标都可能会产生背离形态，有些是自身指标线之间的背离，有些是指标线与 K 线走势方向的背离等。其中，MACD 指标的背离形态尤为复杂和繁多，且以上两种背离情况都存在，非常值得中线投资者深入研究，因为这些背离形态对股价的转向有比较好的预警效果。

1.3.1 DIF 与 DEA 的三离三靠

DIF 与 DEA 的三离三靠指的是两条指标线之间的背离形态，看似复杂，其实就是 DIF 反复靠近 DEA 又没有彻底突破或跌破的走势，重复三次后，就形成了三离三靠。

根据 DIF 与 DEA 之间的位置关系，可将形态分为 DIF 在 DEA 以上的三离三靠及 DIF 在 DEA 以下的三离三靠，具体形态如图 1-21 所示。

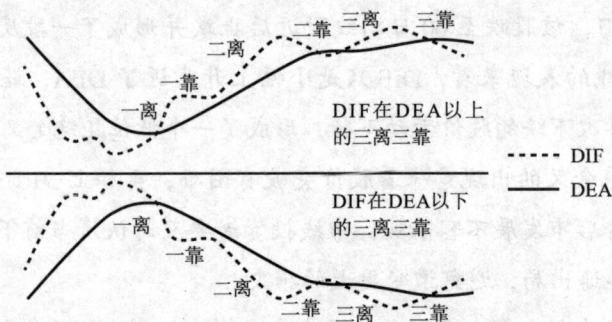

图 1-21　DIF 与 DEA 的三离三靠示意图

一般来说，DIF 在 DEA 以上的三离三靠是股价呈波浪形上涨造成的，期间形成的反复回调使得 DIF 反复波动靠近 DEA。但这种状态无法持续太长时间，往往在第三靠时股价就会有比较大的波动，导致 DIF 彻底跌破 DEA，形成中短期卖出信号。

DIF 在 DEA 以下的三离三靠一般是股价持续下跌的同时多次反弹造成的，与上一节案例中连续出现的低位拒绝金叉形态比较类似。这种走势也不能一直延续，在第三靠时股价就有可能大幅向上突破，使得 DIF 成功上穿 DEA，发出看涨信号。

当然，并不是所有情况下股价都会在第三靠时发生转变，有时候变盘的时机在第二靠，有时候则会延伸到第三靠以后，但这些形态就不是典型的三离三靠了，具体问题还是要具体分析，中线投资者需要牢记和遵守的就是及时止盈和及时止损原则。

下面通过一个案例来进行解析。

实例分析

奥飞娱乐（002292）MACD 指标三离三靠实战

图 1-22 为奥飞娱乐 2020 年 5 月至 10 月的 K 线图。

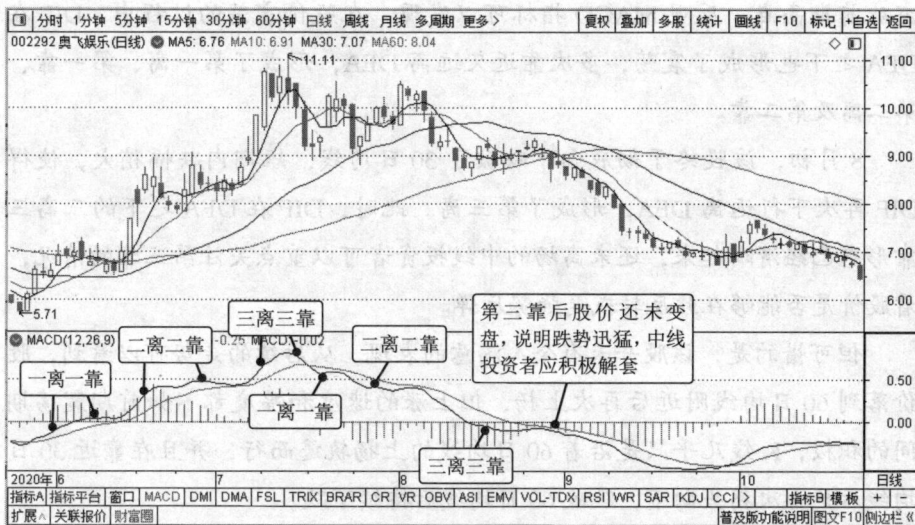

图 1-22　奥飞娱乐 2020 年 5 月至 10 月的 K 线图

在奥飞娱乐的这段走势中，股价经历了一段比较完整的涨跌周期，而这段涨跌趋势的变化正好能为投资者展示 MACD 指标三离三靠的两种形态，下面就来逐一进行分析。

首先是 DIF 在 DEA 之上的三离三靠，形成于上涨行情中。从图 1-22 中可以看到，该股自 2020 年 6 月初就在上涨，期间在 7.00 元和 9.00 元价位线附近分别受阻回调过，但最终都回归了上涨趋势之中。

在股价震荡的同时，MACD 指标跟随持续上扬，DEA 长期保持着向上移动的趋势，但 DIF 却在股价震荡的带动下反复上下波动，靠近又远离 DEA。在股价两次明显的回调后重新上涨的过程中，DIF 已经与 DEA 形成了第一离、第一靠、第二离、第二靠及第三离，背离形态逐渐明显起来。但由于 K 线走势和 DEA 仍处于上升之中，所以，在此期间，中线投资者还是可以伺机建仓或加仓，抓住这段涨幅收益。

7月中旬，股价创出 11.11 元的阶段新高后再次拐头下跌，使得 DIF 向下靠近 DEA 形成了第三靠。并且由于此次下跌幅度较大，DIF 直接跌穿了 DEA，形成了高位死叉，传递出短中期卖出信号。

在此之后，该股就在 30 日均线的支撑下反复在高位震荡，但都没有突破前期高点。反观 MACD 指标可以发现，在股价震荡的过程中，DIF 在 DEA 之下也形成了震荡，多次靠近又远离 DEA，形成了第一离、第一靠、第二离及第二靠。

8月初，该股终于彻底向下跌破了 30 日均线，短期内跌幅稍大，使得 DIF 再次下行远离 DEA，形成了第三离。此时，DIF 在 DEA 之下的三离三靠形态已经清晰起来，还未离场的中线投资者可以重点关注第三靠的情况，看股价是否能够在此反转或是强势反弹。

但可惜的是，该股并未有令人满意的表现。从后续的走势可以看到，股价落到 60 日均线附近后再次上扬，但上涨的速度和幅度都不如前期震荡期间的积极，K 线几乎只是沿着 60 日均线的上扬轨迹而行，并且在靠近 30 日均线后就再次拐头向下，跌破 60 日均线后持续下跌。

受此影响，DIF 再次向下远离 DEA，没能形成突破，三离三靠的形态在此结束的同时，也传递出了股价跌势迅猛、短时间内难以逆转的信号。此时场内还未离场的中线投资者应以尽快解套出局为佳。

拓展知识 *进阶式的三离三靠背离形态*

除了以上介绍的两种背离形态以外，还有一种进阶式的三离三靠背离，那就是 DIF 与 DEA 产生背离的同时，两条指标线与 K 线也形成背离。

简单来说，就是当 DIF 在 DEA 以上的三离三靠构筑时，股价并非处于上涨阶段，而是低点不断下移，与两条指标线低点上移的走势形成了背离。而当 DIF 在 DEA 以下的三离三靠构筑时，股价也没有出现下跌，而是高点持续上移，与两条指标线高点下移的走势形成了背离。

这两种进阶式的背离形态相对比较复杂，涉及了 MACD 指标的顶背离和底背离（将在 1.3.3 节和 1.3.4 节中详细介绍），日常股价运行过程中也不太常见，因此，本节不进行详细解析，感兴趣的投资者可自行寻找资料学习。

1.3.2　隔山背离

隔山背离形态主要是股价走势与 MACD 柱状线之间的背离，其中涉及了一种 K 线筑顶形态，即头肩顶，下面先来介绍头肩顶的概念。

头肩顶是股价在高位形成的反转形态，由三个波峰和两个波谷构成，中间的波峰最高，为形态的头部；两侧的波峰稍低，且高度相当，形似两边的肩膀。

隔山背离指的就是在两侧的肩膀处，MACD 柱状线的不同表现。在左肩处，股价还有上涨空间，DIF 运行于 DEA 之上，MACD 柱状线呈红色；但在右肩处，股价已经转入下跌了，DIF 跌到了 DEA 以下，MACD 柱状线就会翻绿，进而与前期的 MACD 红柱形成背离，如图 1-23 所示。

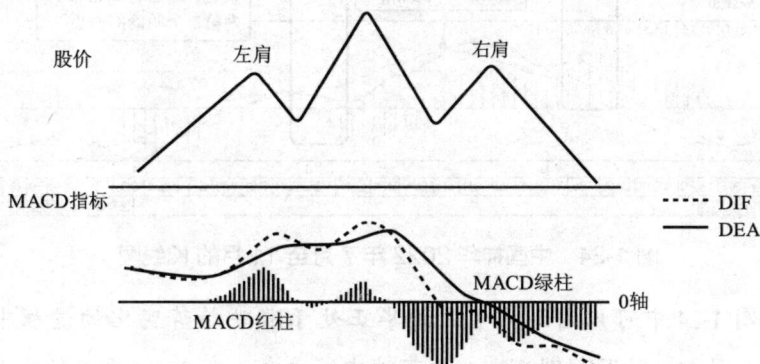

图 1-23　隔山背离示意图

从图 1-23 中可以看到，在头肩顶的左肩和右肩两处，MACD 柱状线的表现形式大不一样，其中的关键就在于中间的那座"山峰"，正是这座山峰的存在，让 MACD 指标发生了转向，进而形成隔山背离。

因此，中线投资者在该形态中就能发掘出数个卖点。首先便是中间山峰转向处，待到 DIF 跌破 DEA 形成高位死叉时，就是中线投资者的卖出时机；其次就是右肩发生明显隔山背离的位置，DIF 向上靠近 DEA 又远离时，中线投资者也要及时撤离。

下面通过一个案例来进行解析。

实例分析

中国神华（601088）MACD 指标隔山背离实战

图 1-24 为中国神华 2022 年 7 月至 11 月的 K 线图。

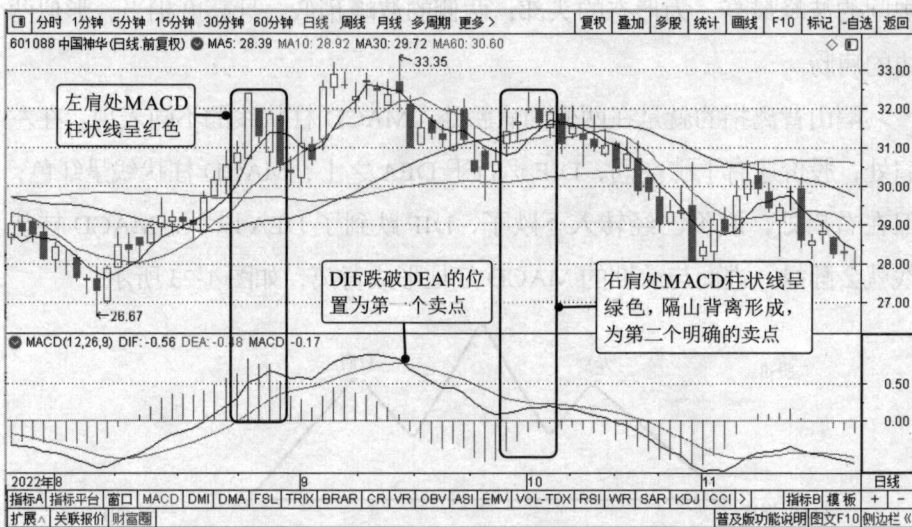

图 1-24　中国神华 2022 年 7 月至 11 月的 K 线图

从图 1-24 中可以看到，中国神华正处于涨跌趋势变化的过程中。在 2022 年 8 月初，该股刚刚从上一次下跌中缓过来，在 27.00 元价位线下方止跌后回归了上涨，带动 MACD 指标线持续上扬，很快来到了 0 轴以上。

8 月底，该股小幅越过 32.00 元价位线后受到阻碍，形成了一段时间的回调。不过此次回调的幅度不大，DIF 在短暂拐头向下靠近 DEA 后就在股价再次上涨的带动下继续向上运行，MACD 柱状线始终保持在 0 轴上方。

进入 9 月后，股价的涨势慢了下来，转而在 33.00 元价位线下方横盘滞涨，DIF 逐渐走平并靠近 DEA。9 月中旬，该股在一次冲高中创出了 33.35 元的新高，次日拐头向下跌破了 32.00 元的支撑线。同时，DIF 也彻底破位 DEA，形成了一个高位死叉，发出明确的卖出信号。

到了 9 月底，股价已经落到了 30.00 元价位线附近，在得到支撑后形成反弹，数日后就上涨到了 8 月底股价回调前夕的位置，并在此受阻后滞涨。此时，头肩顶的形态已经比较清晰了，左肩、头部和右肩相继形成，只差股价跌破前面两个波谷的低点，就能宣告形态成立。

随着股价的反弹，DIF 也向上转向并靠近了 DEA，但由于股价反弹幅度较小，DIF 与 DEA 在形成一个拒绝金叉后就拐头继续下行了。MACD 柱状线始终呈现为绿色，与左肩处的 MACD 红柱形成背离，隔山背离形态构筑完毕。

根据理论，在股价从相对高位滑落，DIF 再次远离 DEA 的位置，中线投资者就要迅速撤离，避开后市更大幅度的下跌。

1.3.3 中线顶背离

MACD 指标的顶背离是最常使用的背离形态之一，它对行情转向具有很好的提前预警作用，是中线投资者必学的操盘技术。

顶背离具体指的是股价在不断向上攀升的过程中高点逐步上移，但 DIF 的高点却出现下移的背离走势，如图 1-25 所示。

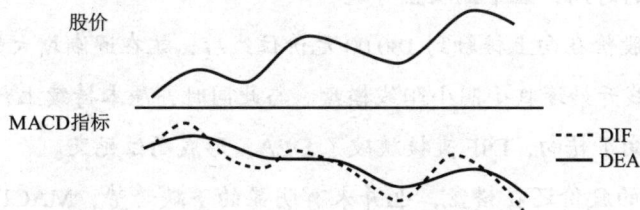

图 1-25　MACD 指标顶背离示意图

顶背离意味着市场追涨的积极性已经开始消退，股价的涨速相较于前期也有所减缓，不断创出新高的走势无法维持太久，变盘即将来临。中线投资者需要保持高度警惕，必要时可提前出局止盈。

下面通过一个案例来进行解析。

实例分析
重庆啤酒（600132）MACD 指标顶背离实战

图 1-26 为重庆啤酒 2021 年 3 月至 9 月的 K 线图。

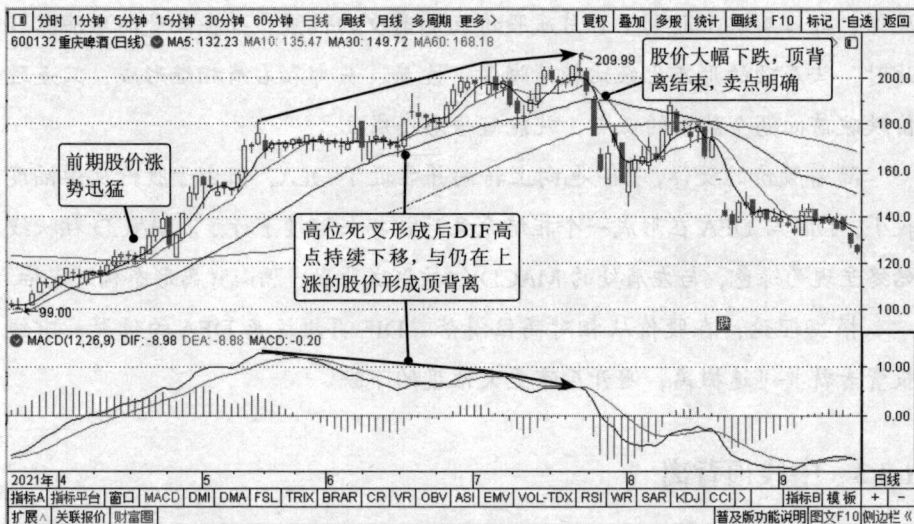

图 1-26　重庆啤酒 2021 年 3 月至 9 月的 K 线图

图 1-26 中展示的是重庆啤酒上涨行情，2021 年 4 月到 5 月中旬，该股的涨势非常积极和迅猛，从 100.00 元价位线附近上涨至接近 180.00 元只用了不到两个月的时间，短中期收益可观。

不过，股价在向上接触到 180.00 元价位线后，就在逐渐增大的抛压限制下滞涨，K 线开始连收小阴小阳线横盘。与此同时，原本持续上行的 MACD指标线开始向下转向，DIF 直接跌破了 DEA，形成高位死叉。

但此时的股价还在横盘，也并未有明显的下跌趋势，MACD 指标的表现可能就是一种警示信号，中线投资者应保持关注。

在后续的走势中，股价于 6 月中旬突破前期压力线，开始继续上涨创出新高，但 DIF 却在一波一波向下移动，二者的高点背道而驰，形成了顶背离。结合股价越到后期涨速越慢的走势，中线投资者基本上可以判断出下跌即将到来的信号，因此，可以先行出局观望。

7 月底，该股在创出 209.99 元新高的当天冲高回落，后续连续收阴，开启了下跌行情。DIF 在横向靠近 DEA 后也快速向下转向，短时间内跌到了0 轴以下，卖出信号明确，此时还持有股票的中线投资者就要注意撤离了。

1.3.4　中线底背离

MACD 指标的底背离就是顶背离的翻转，指的是股价低点下移的同时，DIF 低点上移的背离形态，如图 1-27 所示。

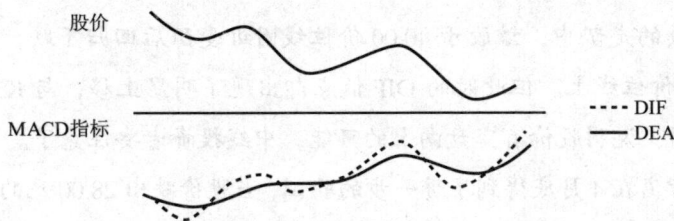

图 1-27　MACD 指标底背离示意图

底背离的形态传递的自然就是多方开始发力，即将推动股价向上变盘的信号，属于中短线买进信号，中线投资者可在股价反转的同时买进。

下面通过一个案例来进行解析。

实例分析

妙可蓝多（600882）MACD 指标底背离实战

图 1-28 为妙可蓝多 2022 年 1 月至 7 月的 K 线图。

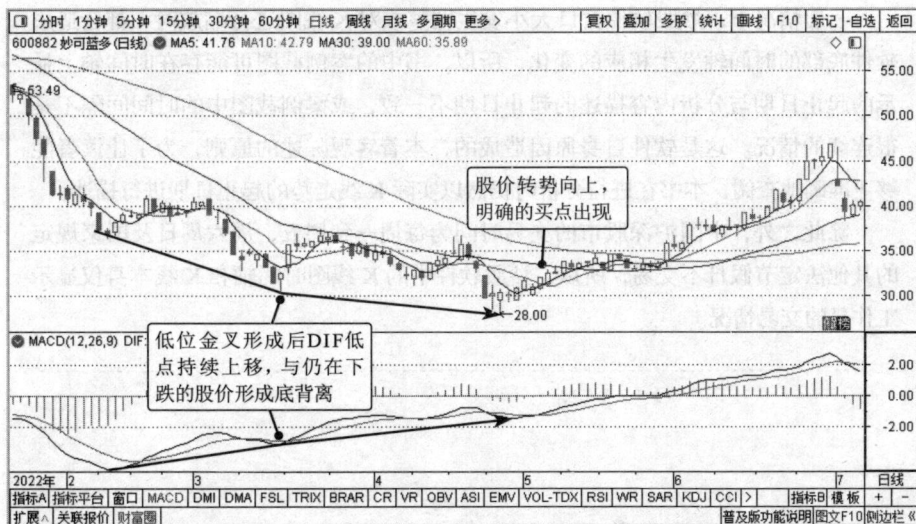

图 1-28　妙可蓝多 2022 年 1 月至 7 月的 K 线图

从妙可蓝多的这段走势中可以看到，在 2022 年 2 月初，该股的跌势十分迅猛，使得 MACD 指标线深入 0 轴以下。直到股价在 37.50 元价位线上得到支撑形成一次小幅反弹后，MACD 指标才减缓下跌走势，并随着股价的上涨形成了一个低位金叉。

在后续的走势中，该股于 40.00 价位线附近受阻后回归下跌，低点落到了 30.00 元价位线上。但此时的 DIF 低点却出现了明显上移，与 K 线形成了明显的背离，说明股价有变盘向上的可能，中线投资者要注意了。

这种背离在 4 月底得到了进一步的验证，当股价跌出 28.00 元的低价时，DIF 的低点都已经向上靠近了 0 轴，MACD 指标底背离的形态更加清晰，激进型投资者甚至都可以买进了。

就在该股创出新低后不久，K 线连续收阳上涨，并接连突破了两条中长期均线，宣告着上涨走势的开启。此时，即便是谨慎型中线投资者也可以试着建仓了。

拓展知识 *关于案例中炒股软件窗口时间轴显示问题的说明*

本书会涉及大量案例的解析，关于案例截图中软件 K 线图下方的时间轴显示的问题，这里提前作一个大致说明。

一般情况下，炒股软件窗口大小发生调整或对 K 线图进行缩放时，都会造成软件底部的时间轴发生相应的变化，所以，书中的案例截图可能存在时间轴上显示的起止日期与分析内容描述的起止日期不一致，或案例截图中的时间间隔不是很连续的情况。这是软件自身原因造成的，本着客观陈述的原则，为了让读者能够更准确地查阅，本书在进行分析时仍然以实际 K 线走势的起止日期进行描述。

除此之外，中国沪深股市的交易时间为每周一到周五，周六周日及国家规定的其他法定节假日不交易，所以，炒股软件中的 K 线图时间轴和 K 线本身仅显示工作日的交易情况。

第 2 章

SAR指标辅助中线分析

SAR指标又称抛物线指标、停损转向操作点指标，是一种适用于中短线操作的技术指标，因其具有实用性强、研判方式简单及适用范围广等特点，深受投资者喜爱。对于中线投资来说，SAR指标能够起到很好的分析辅助作用，因此，投资者有必要进行深入学习。

2.1 初识 SAR 指标及其研判方法

SAR 指标与第 1 章中介绍的 MACD 指标不同，它不需要投资者过多地对指标线或指标结构进行分析，而是通过一系列复杂的计算后直接将结果摆在投资者面前，投资者只需要经过一些简单的分析就能掌握和使用，十分便捷高效。

2.1.1 SAR 指标的原理

SAR 指标的运行原理简单易懂，投资者通过图 2-1 就能大致了解。

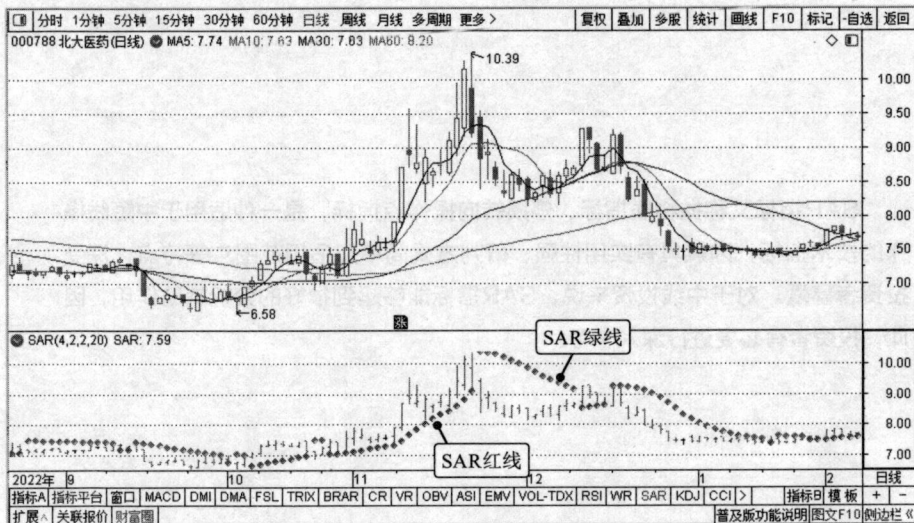

图 2-1 SAR 指标的构成

从图 2-1 中可以看到，SAR 指标主要是由一个个颜色不同的点构成，每个交易日对应一个点。当股价涨势良好时，SAR 指标对应的是红点，位于 K 线下方；但股价有下跌趋势时，SAR 指标就会变为绿点，位于 K 线上方。

由此可见，SAR 指标的基础用法就是红点翻绿时卖出，绿点翻红时买进，相较于需要细致分析的 MACD 指标来说简便了不少。但其缺点也是很明显的，就是研判准确度的问题，因此，很多时候投资者还需要结合其他指标或 K 线形态来分析。

简单易懂的外在表现是需要复杂精细的内在计算来支撑的，除此之外，SAR 指标还有一个强大的功能，那就是前瞻。这些都决定了其计算公式和原理的复杂性，普通投资者不需要过多了解，只需要熟知其基本特性和应用方式即可。

SAR 指标的前瞻性是它的一大特点和关键优势所在。不知道投资者有没有注意到，如 MACD 指标、均线等常用技术指标，都是在股价产生变动后才跟随变化的，具有一定的滞后性，投资者需要根据过去自主预判未来，不确定性很高。

但 SAR 指标不一样，通过繁杂的计算后，它能够在交易当日就形成对应的红点或绿点，提前预判当日的走势。千万不要小看了这一个交易日的提前，有些时候这就是决定投资者盈亏情况的关键。

对于中线投资者来说，SAR 指标的前瞻特性还是要结合其他指标或是 K 线形态才能发挥出更好的作用。毕竟中线投资者的持股周期相对较长，持股稳定性也较高，如果在 SAR 指标发生转变的第一时间就进行买卖，很容易与自身的持股策略相悖，导致投资计划混乱，最终得不偿失。

不过，在股价运行到高位即将变盘或低位即将回升的关键位置时，SAR 指标还是能够提供提前预判的信息，中线投资者的操盘将变得主动许多，能更好地实现止盈和止损。

下面就来进行 SAR 指标的基础中线应用解析。

2.1.2　SAR 指标红翻绿

SAR 指标红翻绿一般意味着股价涨势将尽，或者横盘即将到头，股价即便不在翻绿当天下跌，也会在短时间内形成弱势走势。

SAR 指标红翻绿在中线投资中的应用，主要集中于股价回调和行情反转的位置。单靠 SAR 指标很难确切定位这些关键点，此时投资者就需要结合 K 线走势和成交量、均线等指标来综合分析，有时候还要进入分时图中进一步观察。

下面通过一个案例来进行解析。

实例分析

高澜股份（300499）SAR 指标红翻绿应用

图 2-2 为高澜股份 2021 年 7 月至 2022 年 1 月的 K 线图。

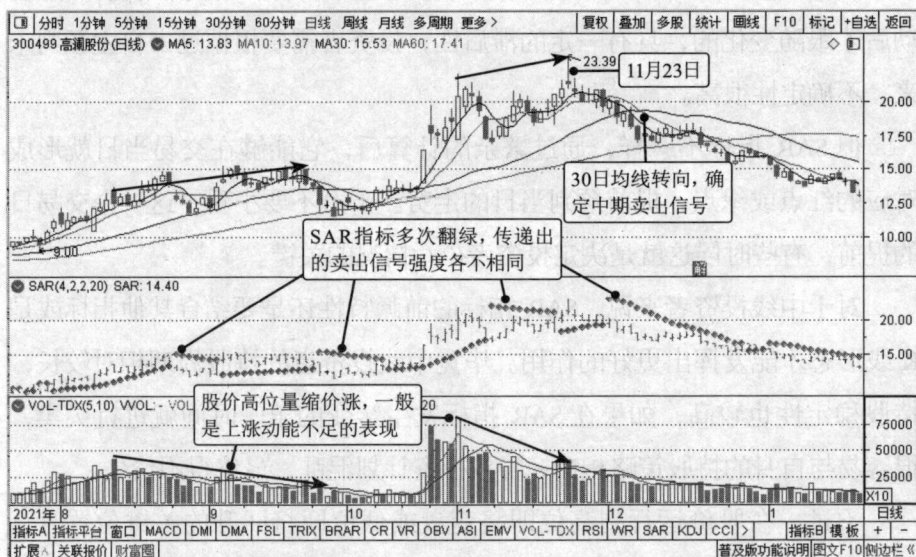

图 2-2　高澜股份 2021 年 7 月至 2022 年 1 月的 K 线图

从图 2-2 中可以看到，高澜股份在这段时间内经历了两次比较明显的涨跌趋势变化，SAR 指标也跟随形成了数次红翻绿，不过并不是所有的红翻绿形态都适合中线投资者操作。

2021 年 8 月上、中旬，股价涨势迅猛积极，K 线大部分时间都在收阳上涨。在此期间，SAR 指标基本都呈红色，为明确的看多信号，中线投资者可建仓或加仓，随后持股待涨。

8 月下旬，该股上涨至 15.00 元价位线附近受阻后形成回调。SAR 指标在股价收阴的第二个交易日就翻绿了，传递出短期看跌信号。不过此时中线投资者可以不必急于卖出,先观察几日后市走向,看股价是否跌破中长期均线,再决定买卖策略。

显然,30 日均线的支撑力依旧充足,该股在其上方得到支撑后再次回升,SAR 指标翻回红色,宣告这次短暂的回调结束,中线投资者可继续持有。

不过,15.00 元价位线处显然压力较重,该股在上涨至该价位线附近后长期横盘滞涨,难以突破。虽然 SAR 指标还呈现为红色,但上倾角度相较前期减缓了不少。此时,中线投资者就有必要考虑股价是否有发生反转的可能,进而开始观察其他指标的情况。

成交量一般是配合 K 线图使用的默认副图指标,用它进行见顶分析还是比较可靠的。从成交量的表现来看,在前期股价上涨的过程中,量能是不断放大的,说明市场交易积极性高,注入资金量大。

但在股价接近 15.00 元价位线后,量能就出现了明显回缩,这意味着场内资金流动量减少,股价上涨得不到推动,后续很可能会发生变盘。

结合此时股价的滞涨,中线投资者合理判断股价可能即将反转或进入深度回调,那么及时在 15.00 元价位线附近卖出就是比较谨慎的选择。惜售的中线投资者若不希望轻易卖出,就要谨慎观望。

从后续的走势可以看到,该股确实在 9 月底出现了大幅回调,SAR 指标也在股价下跌后迅速翻绿,传递出了看跌信号。

不过该股的上涨潜力还未开发殆尽,股价落到 60 日均线附近后就止跌回升了。在 K 线大幅收阳上涨的交易日,成交量大幅放量支撑股价突破前期高点,正式进入新一波拉升之中,买点出现。

11 月,股价不断在震荡中创出新高,截至 11 月下旬,该股已经冲上了 20.00 元价位线。但反观成交量可以发现,在 11 月初,股价进行了一次回调之后,量能就开始大幅回缩,二者形成了顶背离,再次发出了见顶信号,中线投资者要特别注意了。

11 月 23 日,该股在创出新高后冲高回落,收出了一根带长上影线的小阴线。这是一种比较典型的顶部反转形态,说明上方压力较重,在分时图中能将这种信号看得更明显。

图 2-3 为高澜股份 2021 年 11 月 23 日的分时图。

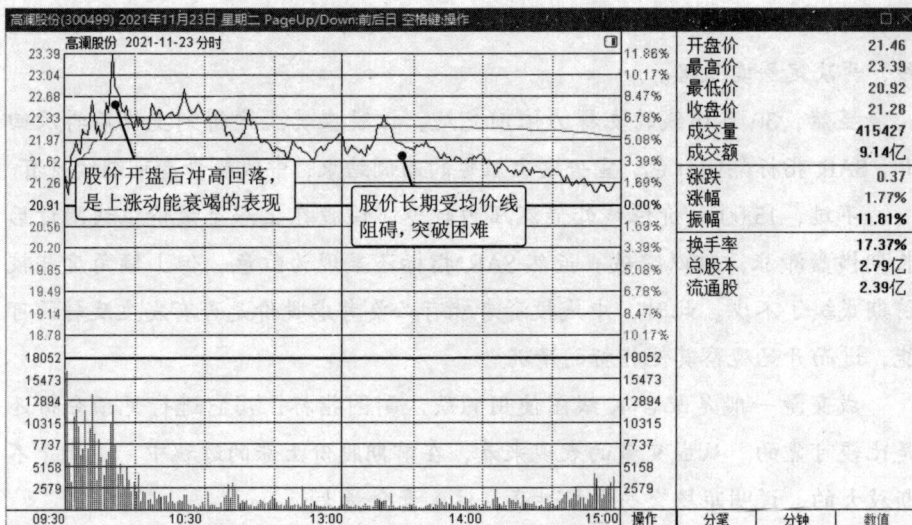

图 2-3　高澜股份 2021 年 11 月 23 日的分时图

从 11 月 23 日的分时走势可以看到，该股在开盘后虽出现了积极的上冲，但数十分钟后就在 23.39 元的位置见顶回落，短时间内形成了急涨后急跌的倒 V 形顶筑顶形态。

在外部行情中疑似见顶的高位形成分时倒 V 形顶，是非常明确的警告信号。结合分时后续走势中股价线跌破均价线后持续受阻下跌的状态，中线投资者应及时反应过来，即便不立即全部抛售，也要准备适当减仓。

回到 K 线图中可以看到，SAR 指标在 11 月 23 日股价冲高回落后并未立即翻绿，而是在股价跌破 20.00 元价位线的同时才翻绿。此后不久，30 日均线也发生了转向。多种看跌信号的同步出现，都在催促中线投资者离场，投资者此时还是以卖出为佳，避开后市下跌。

2.1.3　SAR 指标绿翻红

SAR 指标绿翻红一般是在股价回调结束后继续上涨，或是下跌趋势暂缓后形成反弹，抑或是下跌行情终结进入上涨行情的初期位置形成的，传递的大多是买入信号，只是根据位置的不同，信号强度有所变化。

对于中线投资者来说，在上涨行情回调后期及下跌行情反转向上的位置形成的 SAR 指标绿翻红是最有价值的，两者都能够帮助投资者建仓或加仓，并且个股后市上涨潜力较大，适合中线投资。

而在下跌反弹前夕形成的 SAR 指标绿翻红，一般只能帮助中线投资者解套或止损，距离顶部越近的越有价值，投资者不能轻视。

下面通过一个案例来进行解析。

实例分析

上海沿浦（605128）SAR 指标绿翻红应用

图 2-4 为上海沿浦 2022 年 2 月至 8 月的 K 线图。

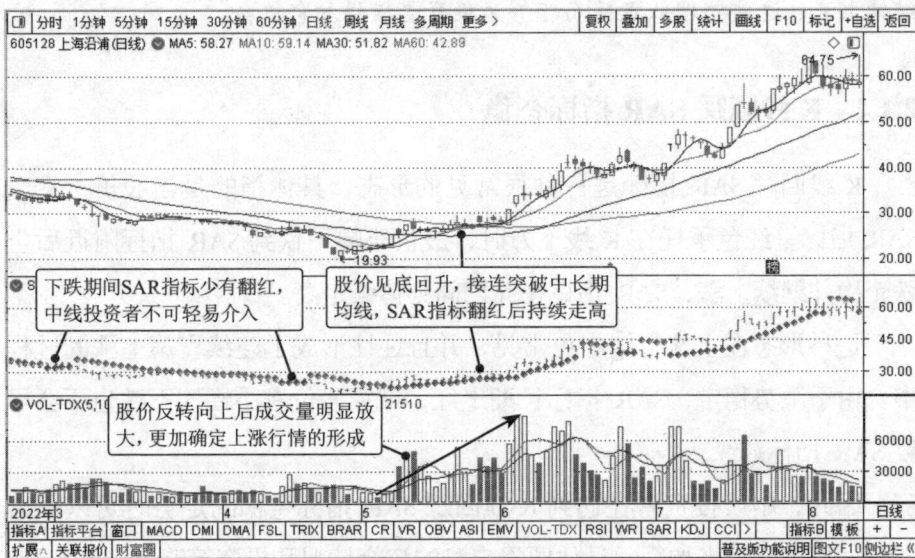

图 2-4　上海沿浦 2022 年 2 月至 8 月的 K 线图

图 2-4 中展示的是上海沿浦从下跌行情转为上涨的过程，从 K 线图中可以看到，该股在 2022 年 3 月到 4 月处于极端弱势的下跌之中，期间股价几乎没有产生过具有中短线投资价值的反弹。因此，SAR 指标在此期间也长期呈绿色，偶尔有几次翻红，但持续时间也都很短，中线投资者不可轻易参与。

到了 4 月底，该股在 20.00 元价位线附近得到支撑后开始缓慢收阳上涨。

起初投资者还暂时难以判断这是不是股价的又一次弱势反弹，但在观察到 K 线连续收阳突破 30 日均线后，就要考虑行情转向的可能性了。

在股价突破 30 日均线的同时，成交量放出了大量能支撑，SAR 指标也开始翻红，并随着股价的上涨而持续走高。这意味着行情很有可能发生反转，即便不是反转也可能是强势反弹，中线投资者可试探着建仓入场。

在后续的走势中，该股很快突破 60 日均线持续上涨，并于 6 月上旬突破了 40.00 元价位线，期间的涨势相当积极，稳定性也不错，股价未来走牛的概率较大。

6 月中旬，该股小幅回调整理，之后继续上涨。在整理过程中，SAR 指标有两次翻绿，但持续时间都不长，中线投资者可以不必理会。随着股价的继续上涨，这些整理低点反而能够为投资者提供加仓机会。

2.1.4　K 线回踩 SAR 指标企稳

K 线回踩 SAR 指标是一种很常见的形态，具体指的是当股价上涨，SAR 指标呈红色承托在 K 线下方时，股价小幅下跌到 SAR 指标附近后止跌企稳并继续上涨，SAR 指标在此期间则持续走高。

这种形态在上涨行情中更常见，并且往往形成于连续震荡上涨的过程中。由于涨势稳定，SAR 指标长期走红，就算股价有小幅的下跌也不会导致 SAR 指标翻绿。

因此，中线投资者在遇到 K 线回踩 SAR 指标企稳的走势时可以不必理会，也可以适当加仓，具体要看自身的资金情况和投资策略。

下面通过一个案例来解析。

实例分析

南凌科技（300921）K 线回踩 SAR 指标企稳应用

图 2-5 为南凌科技 2021 年 11 月至 2022 年 4 月的 K 线图。

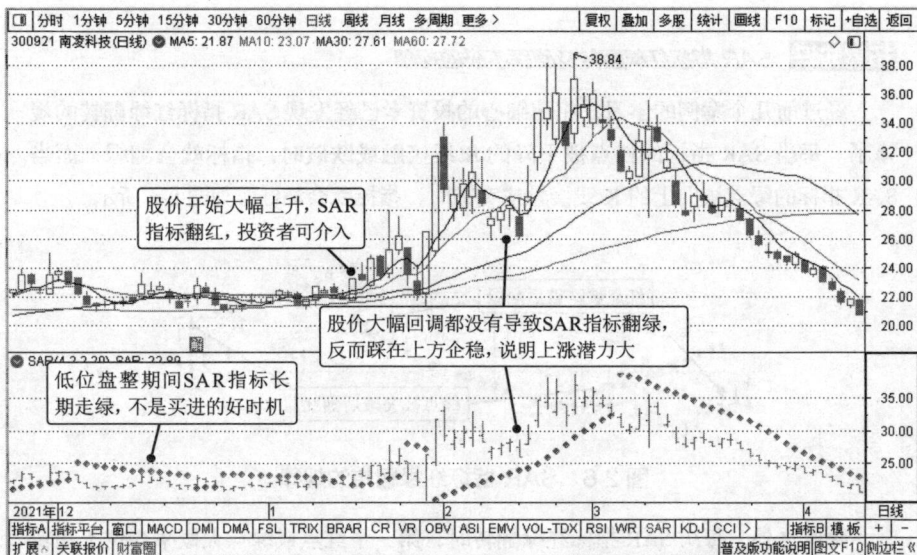

图 2-5　南凌科技 2021 年 11 月至 2022 年 4 月的 K 线图

在南凌科技的这段走势中，股价在 2021 年 12 月到 2022 年 1 月中旬的大部分时间都处于低位盘整，SAR 指标在此期间也长期走绿，意味着市场较为低迷，中线投资者暂时以观望为主，不要轻易买进。

2022 年 1 月中旬，K 线开始加大收阳幅度，股价逐渐突破到盘整区间之上，呈现出拉升走势。此时 SAR 指标也翻红了，投资者可以试探着建仓。

1 月底，该股在 28.00 元价位线附近受阻并进行了一次快速回调后，再次以更快的速度大幅向上攀升。SAR 指标受回调影响短暂翻绿，但很快就在 K 线巨幅收阳的带动下翻红，投资者可继续持有。

2 月初，在短暂的暴涨后，该股在 34.00 元价位线附近受阻后回落，短时间内的跌幅还是比较大的。但观察 SAR 指标可以发现，红点并没有翻绿的迹象，股价踩在 SAR 指标上企稳后还继续上涨了。这就说明该股还是存在不小的上涨潜力的，中线投资者可不必急于卖出，等待后市发展。

到了 2 月底，该股已经冲到了接近 38.00 元价位线的位置。但很明显，该股在此附近反复上冲都失败了，没能彻底将其突破，说明上方压力较重。进入 3 月后，股价更是拐头下跌，SAR 指标翻绿，向投资者传递出卖出信号，这时中线投资者就有必要及时撤离了。

拓展知识 *SAR 指标红绿翻转及回踩不破的规律*

经过前几个案例的学习，相信细心的投资者已经发现 SAR 指标红绿翻转的规律了。每当 SAR 指标的红点被下降的 K 线接触或跌破时，指标就会翻绿；而当 SAR 指标的绿点被向上的 K 线接触或突破时，指标就会翻红，如图 2-6 所示。

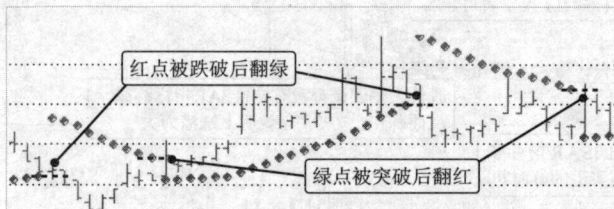

图 2-6　SAR 指标红绿翻转的规律

除此之外，每次 SAR 指标红绿翻转时，第一个红点或绿点大概率会位于翻转之前 K 线的最低点或最高点附近，如图 2-7 所示。

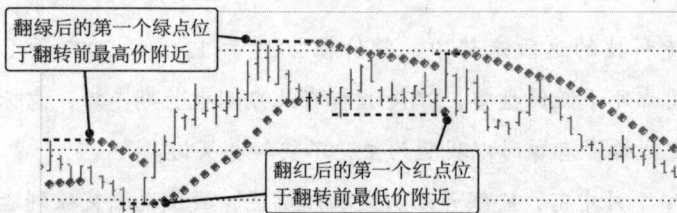

图 2-7　SAR 指标翻转后第一个点的位置

由于翻转过后每个点之间的联系比较紧密，因此，SAR 指标不会在下一个交易日就回到 K 线附近，而是缓慢靠近。这样一来，K 线就算在短时间内快速上涨靠近绿点或下跌靠近红点，只要没有将其突破或跌破，就不会导致 SAR 指标红绿翻转。

这就是为什么 K 线会在 SAR 指标上止跌企稳，了解其中原理后，中线投资者就可以有更好的应对之法。

2.1.5　K 线回抽 SAR 指标受阻

K 线回抽 SAR 指标指的是股价在下跌过程中形成反弹，但在向上接近 SAR 指标绿点时没有彻底突破而是拐头向下，形成的回抽不破形态。

要形成这种形态，股价在 SAR 指标翻绿前可能达到了比较高的位置，才会使得 SAR 指标翻绿后的第一个绿点位置较高，为后续 K 线的反弹提供了一定的空间。

显然，这是股价上涨乏力、后市看跌的信号。当 K 线靠近 SAR 指标绿点后反转向下时，中线投资者就要及时止损出局了。

下面通过一个案例来进行解析。

实例分析

九芝堂（000989）K 线回抽 SAR 指标受阻应用

图 2-8 为九芝堂 2021 年 4 月至 9 月的 K 线图。

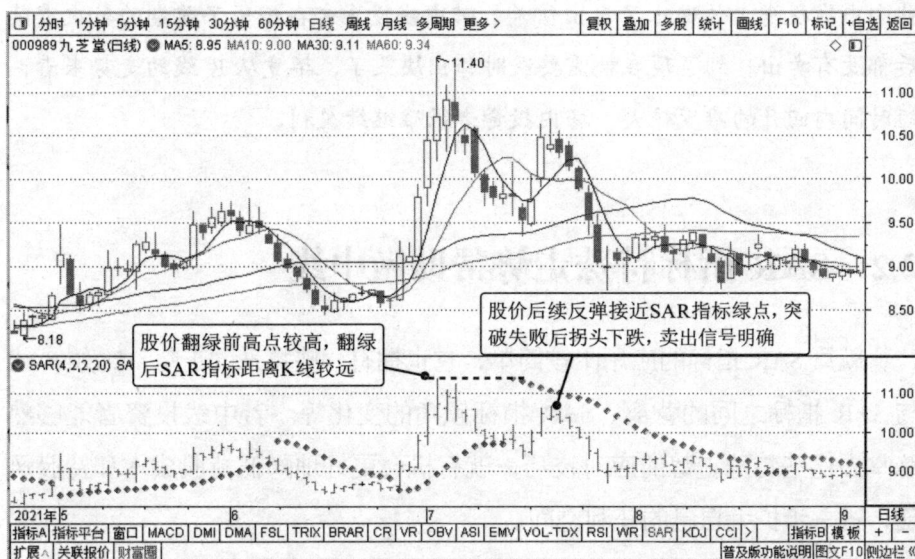

图 2-8　九芝堂 2021 年 4 月至 9 月的 K 线图

从图 2-8 中可以看到，九芝堂在 2021 年 5 月的涨势比较稳定，SAR 指标长期走红，承托着股价向上运行。直到 6 月初，该股才在 9.75 元价位线附近受阻后滞涨，最终拐头下跌，导致 SAR 指标翻绿，许多中线投资者也就此出局。

6 月底，K 线突兀开始急速收阳上涨，连续几个交易日的涨幅都达到了

5% 以上，导致 SAR 指标在翻红之后跟不上股价急涨的步伐，与 K 线之间的距离越拉越大。

正因二者之间的空间较大，当股价在 11.00 元价位线上方受阻下跌后，短时间内并未跌破 SAR 指标导致其翻绿。直到 7 月中旬，K 线才将其跌破，SAR 指标翻绿后的第一个绿点就位于前期最高点附近，再次与 K 线拉开了距离，为后续股价的反弹留下空间。

就在 SAR 指标翻绿后数日，股价在 30 日均线上受到支撑后再次上涨，涨速比起前期稍缓，但依旧十分迅猛。可惜的是，此次上涨只持续了三个交易日，K 线就收阴拐头下跌了。

在副图指标界面中，K 线也没能突破 SAR 指标，因此，在下跌的同时就向中线投资者传递出了卖出信号。若中线投资者在经历了前期的数次震荡后都没有卖出，到了现在就需要及时作出决策了，毕竟从 K 线的走势来看，短时间内回升的难度较大，场内投资者很难继续盈利。

2.2　SAR 指标特殊走势帮助做中线

就算 SAR 指标的应用比较简单，它也拥有一些特殊的走势，比如 K 线与 SAR 指标之间的背离、SAR 指标倾角的变化等。若中线投资者能够熟练掌握这些特殊走势的应对技巧，就有机会更好地降低持股成本和持股风险，进一步扩大自己的获利空间。

2.2.1　K 线与 SAR 红线背离止盈

K 线与 SAR 红线的背离主要指 SAR 指标走红并向上移动时，K 线反而出现下跌，二者形成的短暂背离。

在前面 K 线回踩 SAR 指标不破的案例中，其实已经涉及了二者的背离形态，但既然 K 线没有跌破 SAR 指标，中线投资者就不必卖出。

　　而如果 K 线走势及其他指标已经传递出了比较明显的看跌信号，K 线又与 SAR 红线形成背离，那么后续彻底跌破的概率就比较大了，中线投资者需要早做准备，必要时提前出局。

　　这种背离后大概率跌破的形态一般形成于深度回调的前夕、上涨行情反转的位置及强势反弹的顶部。在这些位置，成交量及均线等指标往往会形成可靠的见顶信号，有些时候在分时图中，投资者也能找到股价即将反转下跌的证明。

　　因此，在这种情况下，K 线与 SAR 红线的背离非但不是个股上涨潜力大的信号，反而是提醒中线投资者提前止盈，跌破后及时止损的信号。

　　下面通过一个案例来进行解析。

实例分析

顺灏股份（002565）K 线与 SAR 红线背离止盈

　　图 2-9 为顺灏股份 2021 年 10 月至 2022 年 3 月的 K 线图。

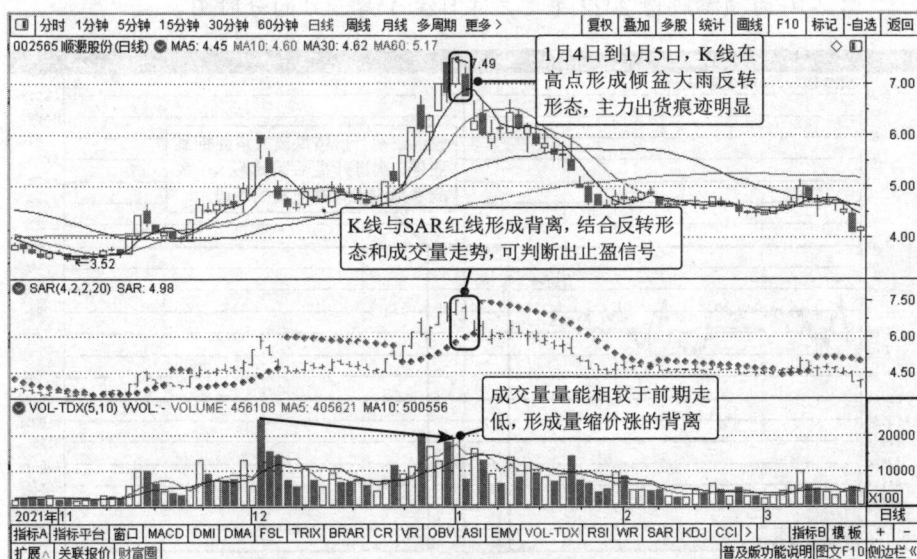

图 2-9　顺灏股份 2021 年 10 月至 2022 年 3 月的 K 线图

在顺灏股份的这段走势中，股价于 2021 年 11 月稳定上涨，只是在接触到 6.00 元价位线后进行了一次回调，导致成交量先放后缩，在股价创出阶段新高的当日形成短期波峰。

12 月下旬，股价在 30 日均线的支撑下回归上涨，K 线大幅收阳，股价涨速极快，短短数日后就冲上了 7.00 元价位线。此时观察成交量可以发现，在股价再次上冲的过程中，量能虽有放大，但相较于前期依旧是明显缩减，并且在后续几个交易日里量能也出现了回缩，与 K 线形成量缩价涨的背离。

通过前面一些案例的学习投资者应该知道，股价高位的量缩价涨一般是市场上涨动能不足，股价即将见顶下跌的信号。那么中线投资者此时就要提高警惕，观察 K 线的走势。

2022 年 1 月 4 日和 1 月 5 日，K 线收出了一阳一阴两根 K 线，阴线的开盘价低于前一根阳线的收盘价，阴线的收盘价则低于前一根阳线的开盘价，正好符合一种 K 线反转形态，即倾盆大雨的技术形态要求。并且两个交易日的分时表现都有特殊之处，下面通过分时图来查看。

图 2-10 为顺灏股份 2022 年 1 月 4 日至 1 月 5 日的分时图。

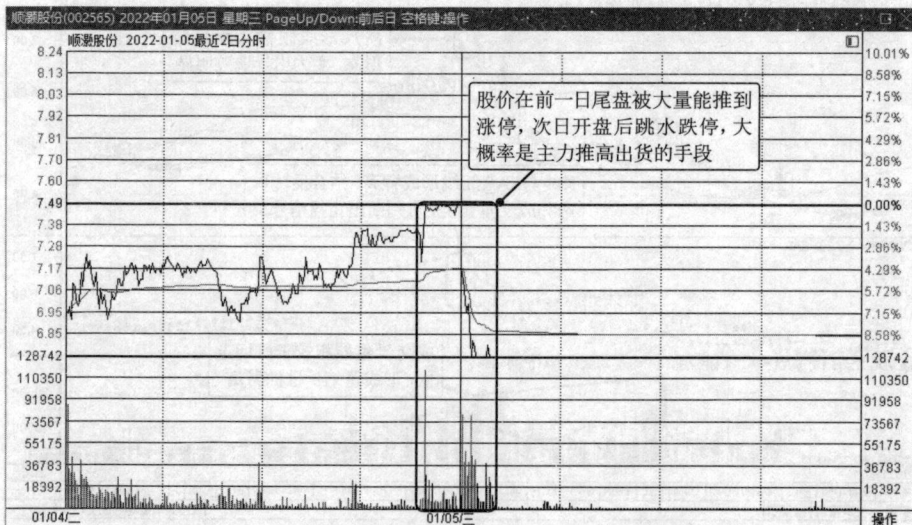

图 2-10　顺灏股份 2022 年 1 月 4 日至 1 月 5 日的分时图

从 1 月 4 日和 1 月 5 日这两个交易日的分时走势来看，在 1 月 4 日的尾盘时间内（即临近收盘的最后半个小时），股价被一根大量柱急速推涨并接触到了涨停板，但并未彻底封板，而是在涨停板附近反复震荡。

这种走势放在股价高位，大概率是主力推高出货的手段，这一点可以从当时的分笔交易数据中看出。

图 2-11 为顺灏股份 2022 年 1 月 4 日的部分分笔交易数据。

14:37	7.42	5301	B	193		14:38	7.49	848	S	48
14:37	7.48	4047	B	180		14:38	7.49	2479	S	118
14:37	7.49	31656	B	921		14:38	7.49	938	S	64
14:37	7.49	27841	B	899		14:39	7.47	1368	S	66
14:37	7.49	6940	B	115		14:39	7.48	708	B	20
14:37	7.49	7122	S	131		14:39	7.48	244	B	7
14:37	7.49	7239	S	132		14:39	7.47	191	S	12
14:37	7.48	1947	S	56		14:39	7.47	215	S	23
14:37	7.49	323	B	32		14:39	7.47	142	S	15
14:37	7.49	529	B	37		14:39	7.47	217	S	32
14:37	7.49	2078	B	43						
14:37	7.49	966	B	58						

图 2-11　顺灏股份 1 月 4 日的部分分笔交易数据

从图 2-11 中可以看到，在 14:37，也就是大量柱出现的一分钟内，有很多大买单成交，最高的一笔成交手数达到了 31 656 手。要知道，股市中的 1 手 =100 股，31 656 手就是 3 165 600 股，这一笔的成交价为 7.49 元，那么成交总金额就高达 23 710 344.00 元（31 65 600×7.49），而且像这种大单还不止一笔。

在股市中能有如此雄厚资金的大概率就是主力，在尾盘将股价推到涨停后不封板的目的，就是吸引大量投资者追涨买进，方便将自己手中的筹码散出，达到借高出货的目的。待到其出货完毕，股价大概率会迅速下跌。

若投资者还不能确认这一推测，就回到图 2-10 中观察 1 月 5 日的分时走势。从图 2-10 中可以看到，股价在开盘后的第一分钟就开始了跳水式的急速下跌，几分钟后就跌到了跌停板上，在后续反复开板交易了几次后彻底封板，直至收盘，大概率是主力大批量卖出导致的。

观察这几分钟的分笔成交数据可以得到更清晰的推论，图 2-12 为 1 月 5 日的部分分笔交易数据。

从这些交易数据中可以看到，在开盘后的几分钟内，场内密布成交手数超过 1 000 手的大单，并且基本上都是卖单。这就说明主力在前一个交易日推高后就决定迅速结束此次持股，于是在次日开盘后大批量卖出，导致股价暴跌至跌停。

09:30	7.19	2285	S	128
09:30	7.20	5156	B	196
09:30	7.18	4758	S	97
09:30	7.18	2151	S	165
09:30	7.18	4659	S	223
09:30	7.15	2456	S	116
09:30	7.15	1669	S	125
09:30	7.13	1276	S	105
09:30	7.12	1187	S	86
09:30	7.12	2620	S	132
09:30	7.11	1750	S	104
09:30	7.11	967	S	75

09:31	7.11	2267	S	151
09:31	7.10	4355	S	225
09:31	7.09	6415	S	234
09:31	7.07	3110	S	122
09:31	7.07	972	S	62
09:31	7.03	1502	S	95
09:31	7.02	1358	S	65
09:32	7.01	1712	S	97
09:32	7.00	7308	S	300
09:32	6.98	2899	S	86
09:32	6.99	3569	B	143
09:32	6.95	2212	S	102

图 2-12 顺灏股份 1 月 5 日的部分分笔交易数据

由此可见，在 1 月 5 日之后，股价大概率会进入持续的下跌之中。此时，中线投资者就要回到 K 线图中观察 SAR 指标的表现了，如图 2-13 所示。

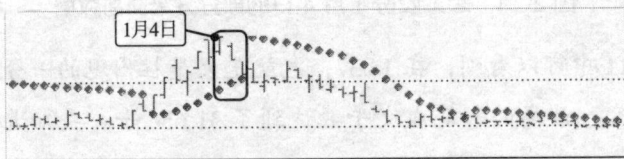

图 2-13 顺灏股份见顶时 K 线与 SAR 指标的背离

从图 2-13 中可以看到，在 1 月 4 日到 1 月 6 日，拐头下跌的 K 线已经与 SAR 指标形成了背离。结合前面的诸多警示信号，中线投资者基本上可以确定后市的下跌了，那么就要趁着股价还未彻底下跌先行止盈出局。

从后续的走势也可以看到，该股在第四个交易日就跌破了 SAR 指标，使其翻绿，随后较长一段时间内都没能再让其翻转回红色，下跌趋势已经十分明确了，此时还未离场的中线投资者要抓紧时间。

2.2.2 K 线与 SAR 绿线背离买进

K 线与 SAR 绿线的背离指的是当 SAR 指标呈绿色并持续下行时，K 线却出现了反弹走势，二者形成的背离。

与上一节中 K 线与 SAR 红线的背离原理类似，当 K 线回升接近 SAR 绿线，场内又有其他指标或形态预示股价即将大幅上涨时，该形态就会传递出提前买进的信号。

　　因此，遇到这种情况时，激进的中线投资者可以在 K 线与 SAR 绿线尚处于背离时建仓或加仓买进；谨慎的投资者则需要等待一段时间，待到 SAR 指标彻底翻红，股价开始上涨后再介入。

　　下面通过一个案例来进行解析。

实例分析

诚迈科技（300598）K 线与 SAR 绿线背离买进

　　图 2-14 为诚迈科技 2019 年 11 月至 2020 年 3 月的 K 线图。

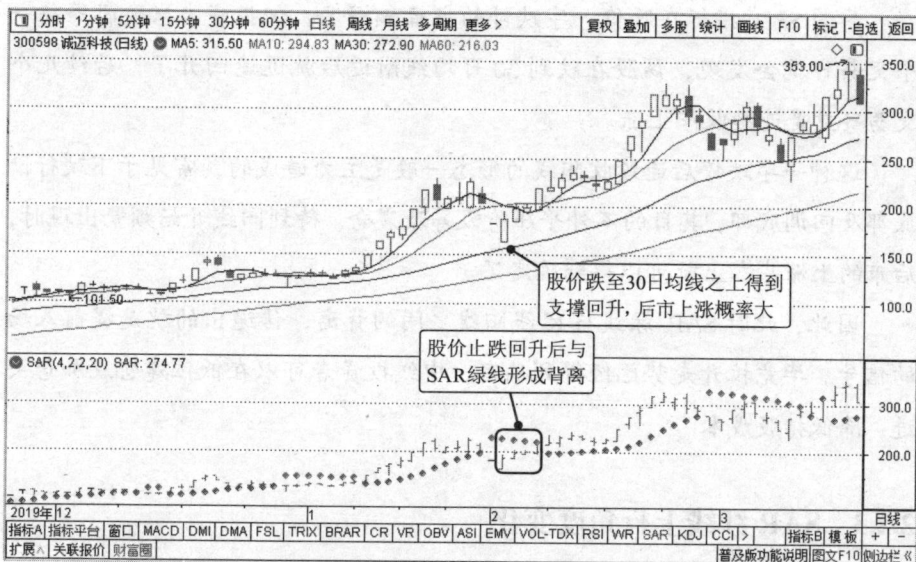

图 2-14　诚迈科技 2019 年 11 月至 2020 年 3 月的 K 线图

　　从图 2-14 中可以看到，诚迈科技正处于稳定积极的上涨阶段中，这一点从两条中长期均线的走势就可以看出。

　　从 2019 年 12 月开始，30 日均线和 60 日均线就承托在 K 线下方，支撑其向上运行。SAR 指标在大部分时间也是走红的，进一步证明了市场的看多情绪占据上风，股价未来的上涨空间较大。

　　进入 2020 年 1 月后，股价涨速明显加快，期间涨停不断，短短半个月后就从 130.00 元价位线附近冲到了 225.00 元价位线上，涨幅约为 73.08%。尽管股价在接触到 225.00 元价位线后形成了滞涨，但 SAR 指标依旧走红，可见股价短期涨速快到 SAR 指标都没能跟上。

不过，也正是由于短时间内的暴涨，市场中积累了大量亟待兑利卖出的获利盘，有些是短期的，也有些是中期的。如果通过滞涨横盘的方式不能将这些抛压完全释放，股价就有可能出现快速的下跌。

后续的走势证实了这一点，该股于 2 月初形成一个一字跌停，干脆利落地释放了大量的抛压，同时也达到了震仓目的，促使场内筹码交换，使得后市看多的意愿更加集中和坚定，便于减轻再次拉升的压力。

尽管 SAR 指标在股价一字跌停的当日翻绿了，但投资者只要再等待一个交易日就会发现，该股在跌到 30 日均线附近后就迅速回升了，后续几个交易日更是连续收阳上涨。

这种一字跌停后连续收阳线的形态一般是主力造成的，常见于下跌行情底部及回调底部，其目的不外乎压价吸筹及震仓。待到阳线开始频繁出现时，后市的上涨基本上就可以得到确定了。

因此，此时 SAR 绿线与 K 线阳线之间的背离，传递出的就是提前入场的信号。毕竟拉升走势已经得到确定，中线投资者可以在低位建仓或加仓买进，降低持股成本。

2.2.3　SAR 红线上行角度变化

SAR 红线上行角度的变化分为两种：一种是上倾角度明显加大，导致 SAR 指标的红点之间距离拉大；另一种是上倾角度减缓甚至走平，SAR 指标红点密集形成。

这两种走势传递出的信号截然不同。当 SAR 红线上倾角度变大时，说明股价在短时间内大大加快了上涨速度，有时候甚至会连续涨停，导致 SAR 指标跟不上涨速，红点之间的距离拉大。

这种涨势是可遇不可求的，中线投资者在遇到时就要及时反应过来，迅速在相对低位建仓或加仓，抓住后续涨幅。当然，越快的涨速就对应着越迅猛的跌势，一旦股价有反转迹象，中线投资者甚至都不用等到 SAR 指标翻绿就可以卖出兑利，保住收益。

而当 SAR 红线上倾角度变缓时，说明股价的上涨走势也减缓了，可能已经进入了滞涨震荡或高位横盘。若后续市场没有给予更加充分的支撑，股价可能会变盘下跌。

中线投资者，如果是在上涨行情中发现这种形态，就要综合考虑个股的上涨潜力，看是否要忽略此次滞涨回调。但如果是在下跌行情的反弹过程中观察到 SAR 红线上扬角度变缓，最好还是及时借高出局，避免被套场内。

下面通过一个案例来进行解析。

实例分析

融捷股份（002192）SAR 红线上行角度变化

图 2-15 为融捷股份 2021 年 1 月至 5 月的 K 线图。

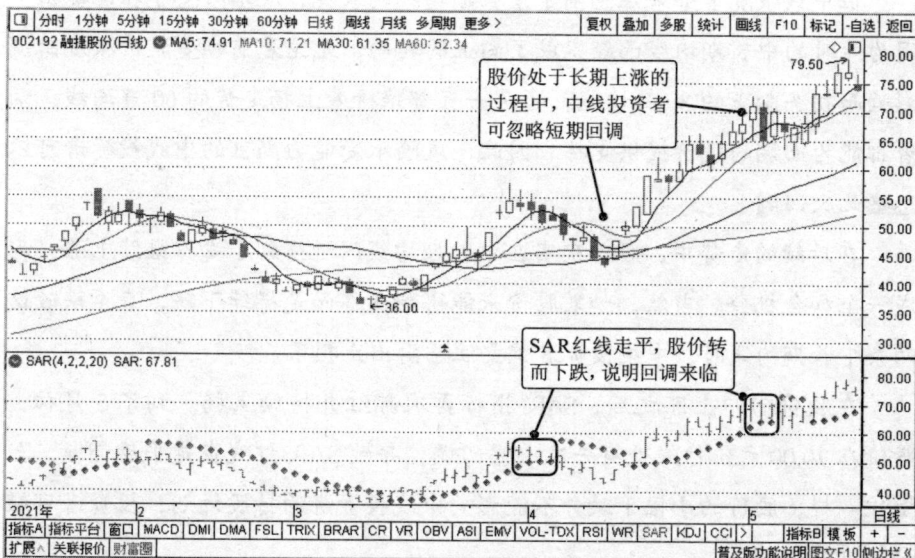

图 2-15　融捷股份 2021 年 1 月至 5 月的 K 线图

　　图 2-15 中展示的是融捷股份的上涨行情，从这段走势中可以看到，自 2021 年 1 月开始，股价的涨势就十分迅猛，涨停更是接连出现。SAR 指标在此期间的表现也十分配合，中长期均线长期承托在 K 线下方运行，股价整体涨势积极，许多中线投资者趁机建仓买进。

　　到了 1 月底，该股在 55.00 元价位线附近受阻后回调，SAR 指标在一段时间后翻绿，说明此次回调的幅度可能比较大。事实也确实如此，该股一直跌到了 36.00 元价位线上才止住，期间不仅跌破了两条中长期均线，还带动了 30 日均线转向，SAR 指标也持续走绿。

　　不过该股的上涨潜力还未被消耗殆尽，在 36.00 元价位线上止跌后 K 线就开始连续收阳上涨，很快便回到了中长期均线之上。在此期间，SAR 指标也在翻红后持续上扬，确定了上涨趋势，前期离场观望的中线投资者可再次买进。

　　3 月底，该股再次于 55.00 元价位线附近受阻滞涨，可见这条压力线不是那么容易突破的。随着 K 线的收阴回落，SAR 红线虽然还未被跌破，但上扬倾角已经有了明显的减缓，几乎已经走平了。再加上股价已经转入下跌，后市回调的可能性较大。

　　但中线投资者如果注意到了中长期均线的表现，就不必急于在此卖出。因为此时的中长期均线已经完成了向上的转向，无论是前期受股价深度回调影响而拐头向下的 30 日均线，还是一直都维持着上扬走势的 60 日均线，两者都能为回调的股价提供支撑。因此，风险承受能力尚可的中线投资者可以忽略此次回调。

　　在后续的走势中，股价确实在中长期均线附近得到了支撑继续上涨，形成一个加仓机会。当然，如果股价未能得到支撑而是持续下跌，直至跌破这两条中长期均线时，中线投资者就要注意卖出止损了。

　　在股价回归上涨之后，SAR 指标再次翻红并持续上扬。到了 5 月初，股价在 70.00 元价位线处有一次小幅回调，导致 SAR 红线在走平后翻绿。与上次一样，股价的小幅下跌并不能影响中线投资者的持股计划，投资者可继续持有甚至加仓。

　　下面来看融捷股份后续走势中存在的 SAR 红线加大上扬角度的形态。

图 2-16 为融捷股份 2021 年 4 月至 9 月的 K 线图。

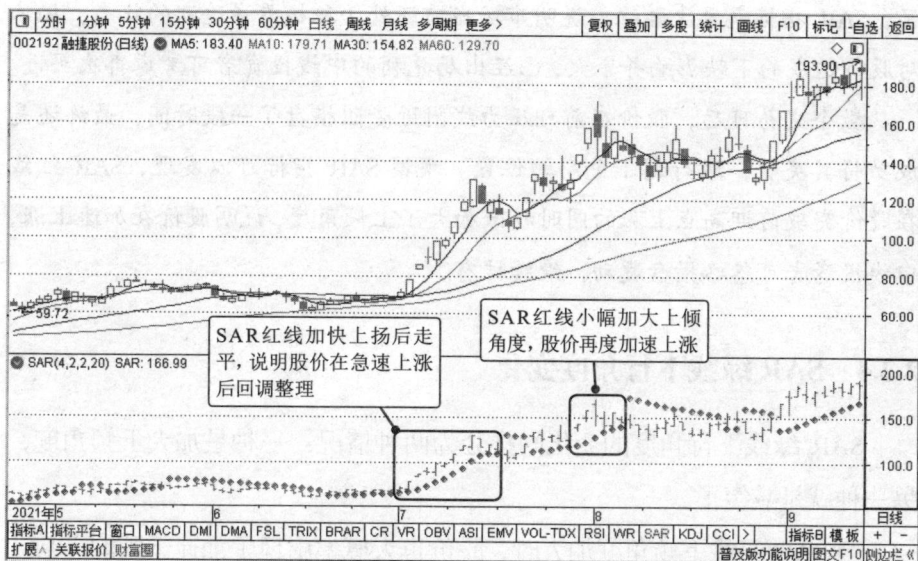

图 2-16　融捷股份 2021 年 4 月至 9 月的 K 线图

从图 2-16 中可以看到，融捷股份在 5 月中旬就遭到了卖盘大批量抛售的压制，形成了一次深度回调。但在 6 月中旬，股价在 60 日均线附近得到支撑继续上涨，SAR 指标重新翻红。

在后续近半个月的时间内，股价都在 60 日均线和 30 日均线之间小幅向上移动，尽管 SAR 指标已经翻红了，但股价涨速依旧非常缓慢。直到 7 月初，K 线突然收出一根涨停大阳线，才成功突破到了均线组合以上，宣告着下一波拉升的开启。

7 月上旬，股价涨势十分迅猛，几乎是在连续涨停中向上攀升。受此影响，SAR 红线大大加快了上扬角度，红点之间的距离拉大，传递出了明显的看涨信号，催促中线投资者建仓或加仓。

此次急速上涨一直持续到了 7 月中旬，该股在 130.00 元价位线附近受阻后才形成回调。SAR 红线在此时减缓上扬角度转为走平，进一步确定了股价的转势。一般来说，这种急速上涨后对应的大概率是急速下跌，但下跌幅度尚不清楚，谨慎的中线投资者此时还是应以卖出为佳。

从后续的走势可以看到，该股其实在跌至 10 日均线附近后就止跌回升了，SAR 指标也再次翻红，说明市场当前还处于积极看多追涨的状态，抛压对股价造成的下跌影响并不大，已经出局兑利的中线投资者可考虑再次买进。

数个交易日后，股价在前期压力线附近受阻横盘了一段时间，最终还是成功将其突破，运行到了更高的位置。观察 SAR 指标可以发现，SAR 红线在股价突破前期高点上涨的同时稍微加大了上倾角度，说明股价在加速上涨，中线投资者可忽略横盘波动，继续持有。

2.2.4　SAR 绿线下行角度变化

SAR 绿线下行角度的变化同样分为两种情况：一种是加大下倾角度，另一种就是减缓了。

当 SAR 绿线下倾角度加大时，股价也大概率出现了加速下跌的走势。行情的各个位置都有可能形成这种形态，下跌趋势中则更加常见，其内涵自然是强烈看跌，中线投资者在此期间不可轻易介入。

不过也有一种特殊情况，那就是在下跌行情的末期，主力通过快速压价低位建仓的方式降低吸筹成本，为的是后市拉升更加轻松高效。那么在这种情况下，SAR 绿线加大下行角度后很可能会在股价反转向上的带动下翻红，传递出抄底信号。此时的中线投资者就可以根据分析出来的信息决定是否建仓、何时建仓。

当 SAR 绿线的下倾角度减缓时，股价就可能转入止跌横盘或止跌回升的走势中，在上涨回调后期、下跌反弹前夕等位置比较常见，中线投资者的应对策略需要根据个股整体走势的不同而进行调整。

下面通过一个案例来进行解析。

实例分析

三一重工（600031）SAR 绿线下行角度变化

图 2-17 为三一重工 2021 年 11 月至 2022 年 4 月的 K 线图。

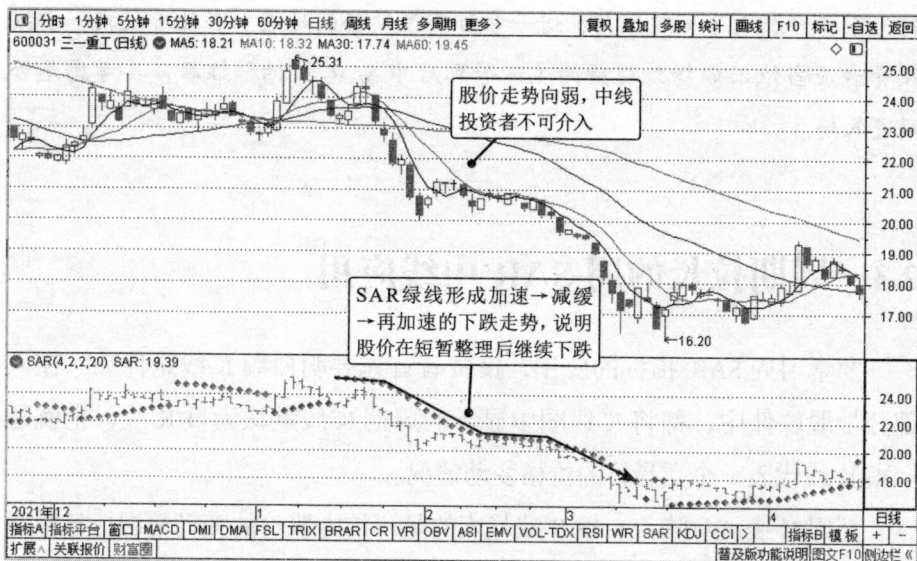

图 2-17　三一重工 2021 年 11 月至 2022 年 4 月的 K 线图

在三一重工的这段走势中，SAR 绿线的两种角度变化情况在一段时间内得到了充分的展示。

根据中长期均线的走势，投资者首先可以判断出当前的行情处于下跌之中。那么在 2021 年 12 月的反弹结束后，股价大概率会回归下跌，误入场内或被套的中线投资者不可长期停留。

2022 年 1 月初，该股在创出 25.31 元的阶段新高后拐头下跌，落到 60 日均线附近后再次小幅反弹了几个交易日，随后彻底跌破前期支撑线，加速向下滑落。

SAR 指标在股价创新高后下跌的过程中已经完成了翻绿，而随着股价对前期支撑线的跌破和加速下跌，SAR 绿线也出现了明显的加速下行，传递出短期内市场走弱的信号，中线投资者不可参与。

1 月底，该股已经跌到了 20.00 元价位线附近，不过随着多方的反抗，股价在此价位线附近形成了横盘整理。观察 SAR 指标可以发现，SAR 绿线在股价横盘期间明显走平，传递出了跌势减缓的信号，但也仅仅是减缓，股价没有反弹的迹象。

2 月底，股价跌破 20.00 元价位线的支撑再次下跌，SAR 绿线也从走平转为下行,加大了下跌倾角,进一步证实了跌势的延续。在此阶段内,中线投资者应当依旧以场外观望为主,等到后市 SAR 指标翻红后,再考虑是否买进入场。

2.3 周期拉长的周 SAR 中线应用

要学习周 SAR 指标的应用,投资者首先要明白周 K 线是什么。在大部分炒股软件中,都将 K 线图中显示的周期 K 线默认为日 K 线,也就是一根 K 线代表一个交易日的价格变动情况。

而周 K 线就意味着一根 K 线代表的是一周内股价的变动情况,每根周 K 线的开盘价为本周第一个交易日的开盘价,收盘价则是本周最后一个交易日的收盘价。周 SAR 指标正是在周 K 线的基础上衍生而来的,每一根周 K 线会对应一个周 SAR 指标点。

切换日 K 线和周 K 线的方法很简单,投资者进入任意个股的 K 线图中后,在左上方的周期切换栏中选择"周线"选项,即可实现快速的周期切换,如图 2-18 所示。周 SAR 指标会跟随 K 线的变换周期而变化,投资者无须另外操作。

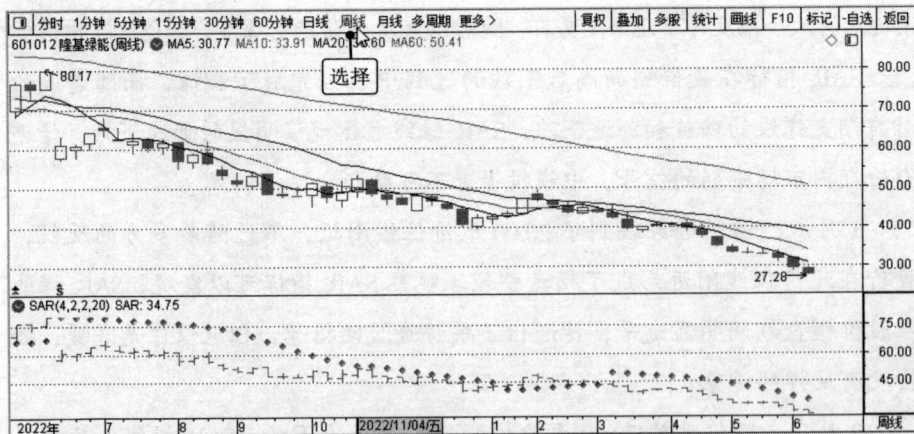

图 2-18 周 K 线和周 SAR 指标的设置

通过拉长 K 线和 SAR 指标周期的方式，中线投资者能够更好地屏蔽掉短期波动，把握中长期趋势走向，寻找更加合适的买卖点。下面就来逐一分析周 K 线和周 SAR 指标的应用方法。

2.3.1　周 SAR 消除短期波动影响

周 K 线能够消除短期市场波动，周 SAR 指标也可以。如果在某段时间内周 K 线持续收阳，周 SAR 指标也持续走红，那么市场趋势在此期间就处于一个比较稳定的上涨阶段中。如果期间偶有周 K 线收阴，但不影响整体的上涨趋势，中线投资者就可以将其忽视。

相反，当周 K 线持续收阴，SAR 指标翻绿下行时，市场趋势就处于下降状态。就算期间收出过几根周阳线也只能视作反弹，场外的中线投资者不宜参与这些反弹，但被套的投资者还是要注意借高解套。

由此可见，投资者通过周 K 线和周 SAR 指标就能完成买卖操作，虽然精确度有所下降，但能够很好地节约精力和时间。投资者要把握好求准和求便捷之间的度，摸索出适合自己的周 SAR 指标操盘方法。

下面通过一个案例来进行解析。

实例分析
云天化（600096）周 SAR 指标对短期波动的屏蔽

图 2-19 为云天化 2022 年 1 月至 8 月的周 K 线图。

从图 2-19 中可以看到，长达八个月的股价走势浓缩到周 K 线中，就只有 30 根左右，看起来十分简洁明朗，很适合用来确定中长期趋势。

从中长期均线的表现可以看出，自 1 月底开始，云天化就在 60 周均线的支撑下进入了上涨走势之中。期间股价于 3 月初和 3 月中旬收出了两根周阴线，但都没有明显下跌，只是走平而已，周 SAR 指标仍在持续走红，中线投资者可以不必理会这种震荡。

但在 4 月中旬，周 K 线收出的两根阴线的跌幅就比较大了，中线投资者要考虑是否出局。在第三周，周 K 线回阳上升，但 K 线最低价已经向下靠近了 60 周均线，并且周 SAR 指标也翻绿，说明这一周内股价还是有明显的下跌，只是后续止跌回升了。在尚不清楚后市走向的情况下，场外中线投资者最好按兵不动。

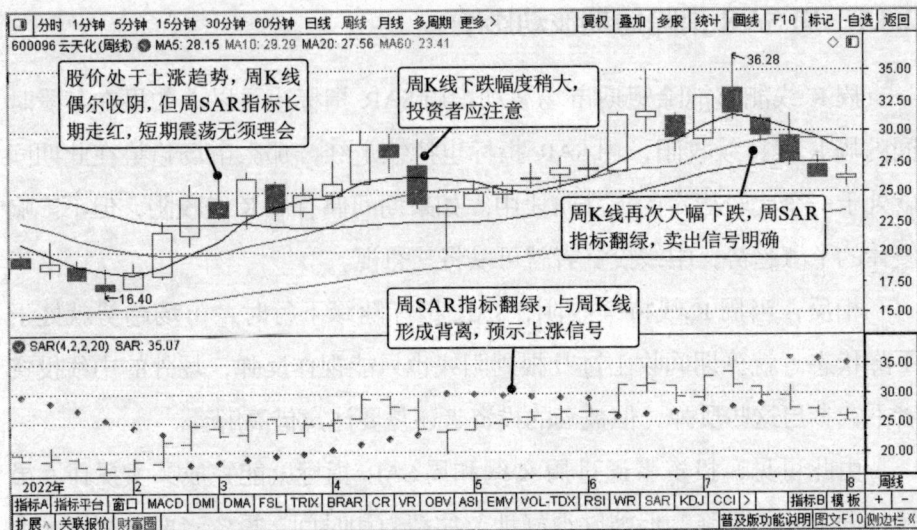

图 2-19　云天化 2022 年 1 月至 8 月的周 K 线图

在后续的走势中，周 K 线连续收阳上涨，虽然每根周阳线的实体都不长，但上升走势还是十分稳定的。此时周 SAR 绿线与周阳线的背离也只是因为股价还未突破前期高点，中线投资者可以在此期间试探着买进。

6 月初，周 K 线收出一根长实体阳线，成功向上突破了前期高点，也终于使得周 SAR 指标翻红，买入信号更加明显了。不过在 6 月底，该股形成了一次比较明显的回调下跌，只是持续时间不长，跌幅也不大，中线投资者可以不必急于卖出。

进入 7 月后，周 K 线在小幅突破前期高点后就开始明显收阴下跌，周 SAR 指标也在第三周收阴时翻绿，传递出了明显的卖出信号，中线投资者此时就不能再继续持有了。

在分析了云天化的周 K 线和周 SAR 指标的走势后，中线投资者应该已经大致了解了如何利用它们屏蔽掉短期波动。下面就切换回日 K 线图中，看看日 K 线图中对应的股价走势是怎样的。

图 2-20 为云天化 2022 年 1 月至 8 月的日 K 线图。

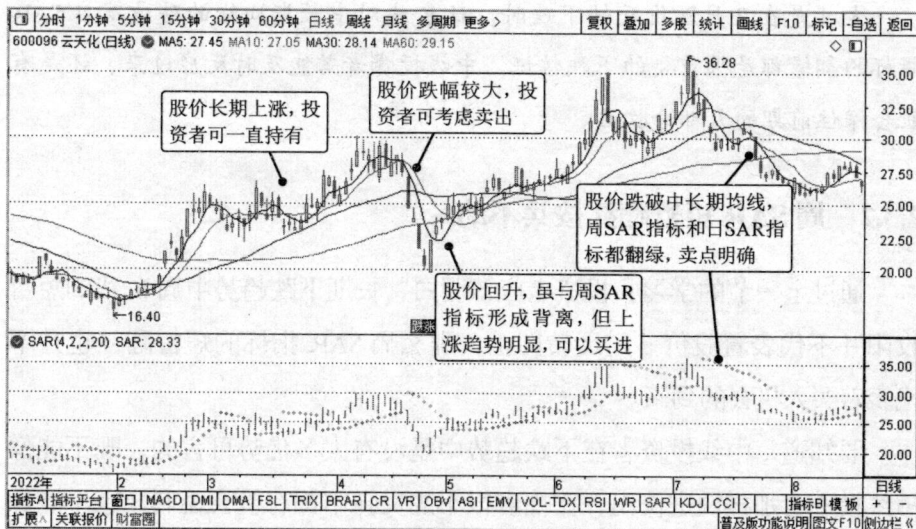

图 2-20　云天化 2022 年 1 月至 8 月的日 K 线图

从云天化的日 K 线图中可以看到，在 2022 年 2 月到 4 月，股价确实是长期呈上涨趋势的，期间形成的数次回调也能与周 K 线图中的阴线相对应。日 SAR 指标的反复翻转则与周 SAR 指标的持续走红形成鲜明对比，可见周 SAR 指标的稳定性极高。

4 月中旬，周 K 线图中显示的大幅下跌，在日 K 线图中展现出来显得更为急促，股价甚至已经跌破了两条中长期均线，日 SAR 指标也同步翻绿，中线投资者在此卖出是比较合适的。

4 月底，股价止跌回升后，日 K 线的收阳速度确实比较慢，但胜在稳定，日 SAR 指标也没有与 K 线形成明显背离。若将其与周 SAR 指标的表现结合分析，投资者能够更快地确定上涨走势，进而更早买进，降低成本。由此可见，中线投资者在使用周 K 线和周 SAR 指标时，也不能完全抛弃对日 K 线和日 SAR 指标的分析。

后续的上涨就与周 K 线图中比较契合了，无论是 6 月的大幅回调还是 7 月初的明显下跌，日 K 线与日 SAR 指标都释放出了相应的信号，帮助中线投资者进行决策。

尤其是在 7 月股价反转下跌时，日 K 线对中长期均线的跌破及日 SAR 指标的翻绿都是很重要的下跌佐证。中线投资者若能及时反应过来，还是有机会保住前期的大部分收益。

2.3.2　周 SAR 短暂翻红按兵不动

通过上一节的学习，投资者应该明白，长期下跌趋势中周 K 线的短暂收阳并不代表着股价一定反转向上，那么周 SAR 指标的短暂翻红也并不代表着买入机会的到来。

要知道，中线投资者在下跌趋势中是没有太多优势可言的，既不能像短线投资者那样快进快出，在幅度很小的反弹中都有机会盈利，也不能像长线投资者那样执行价值投资，连中级震荡都可以忽略。

因此，在这种周 K 线持续收阴的下跌趋势之中，中线投资者最好尽快止损出局后保持观望，等待下一波中期上涨趋势的到来。遇到周 SAR 指标翻红时，投资者也暂时不要冒进，等到结合多项指标或 K 线走势分析并确定上涨趋势后再买进不迟。

下面通过一个案例来进行解析。

实例分析

晶盛机电（300316）周 SAR 短暂翻红与彻底翻红

图 2-21 为晶盛机电 2021 年 11 月至 2022 年 8 月的周 K 线图。

从晶盛机电的周 K 线图中可以看到，该股在 2021 年 12 月至 2022 年 4 月处于整体的下跌趋势之中，期间虽然形成了数次反弹，但能够使周 SAR 指标翻红的只有一次，即 2022 年 2 月的一次反弹。

2 月中旬，该股跌至 60 周均线附近后止跌回升，连续两根周 K 线收阳的幅度都比较大，到了 3 月初，股价已经上升到了 30 周均线附近。观察周

SAR 指标可发现，当周 K 线收阳时周 SAR 指标还在走绿，直到周 K 线在 30 周均线下方滞涨了，周 SAR 指标才由绿翻红。

但此时即便不依靠日 K 线进行分析，投资者也能看出周 K 线上涨乏力的走势。再加上转向下跌后的 30 周均线附带的压力较强，股价可能很快就会变盘下跌，周 SAR 指标也会再次翻绿，因此，中线投资者最好不要着急买进。

3 月中旬，周 K 线明显下移，跌破上一个周 SAR 红点后导致其翻绿，预示着下跌趋势延续，误入场内的中线投资者要迅速卖出止损。

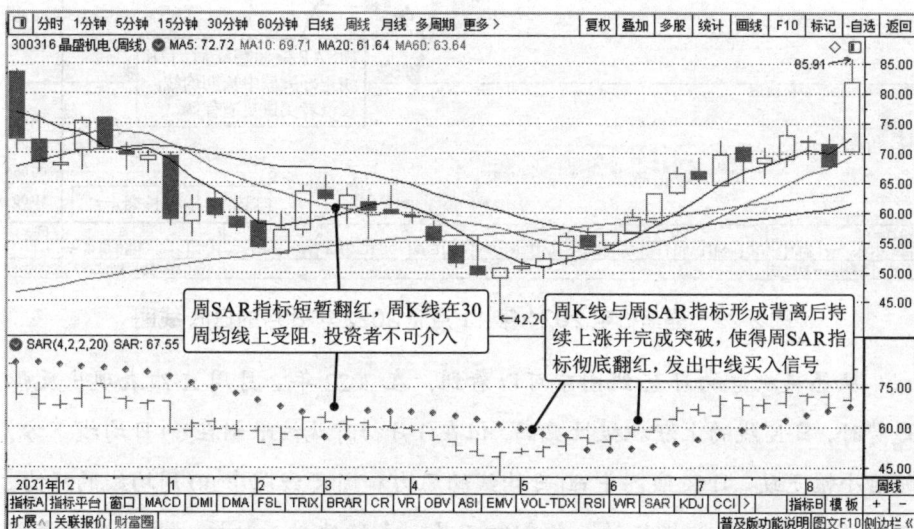

图 2-21　晶盛机电 2021 年 11 月至 2022 年 8 月的周 K 线图

后续的下跌又持续了较长时间，到了 4 月底，该股才在创出 42.20 元的新低后探底回升，开始收阳上涨。周 SAR 指标在刚开始几周内并未被突破，因此与周 K 线形成了背离，但从周 K 线的积极走势来看，股价后市可能会形成强势反弹或是反转上涨，中线投资者可保持高度关注。

在周 K 线收阳上涨的第五周，周 SAR 指标终于翻红，而在后续几周内，周 K 线连续收阳并成功突破了两条中长期均线，表现出了明显的上涨迹象。此时，中线投资者就可以确定行情反转，进而迅速跟进建仓了。

如果投资者不能确定自己在周 K 线图中的推断和决策是否合适，就可以回到日 K 线图中观察。

图 2-22 为晶盛机电 2021 年 11 月至 2022 年 8 月的日 K 线图。

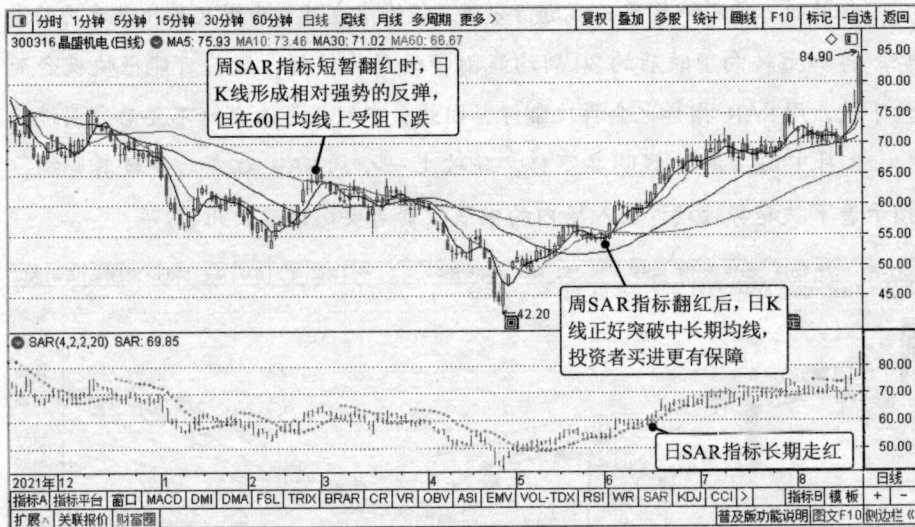

图 2-22　晶盛机电 2021 年 11 月至 2022 年 8 月的日 K 线图

从晶盛机电的日 K 线图中可以看到，在 2022 年 2 月周 K 线表现出反弹走势时，日 K 线的上涨积极性更高，但在 3 月初时就被限制在 60 日均线下方，随后小幅下跌。日 K 线图中 60 日均线的压力和周 K 线图中 30 周均线的压力，都能够证明周 SAR 指标的短暂翻红不是一个好的买入时机，中线投资者若能结合分析，得出结论时就能更有底气。

而在 4 月底股价探底回升后，周 K 线和日 K 线都表现出了稳定的上涨，并且在周 SAR 指标翻红之前，日 SAR 指标就已经早早翻红并持续上扬了。到了 5 月底周 SAR 指标翻红后，日 K 线很快便突破了两条中长期均线的压制，与周 K 线图中的走势契合，进一步证实了上涨趋势的出现，那么中线投资者在此买进的成功率就会更高。

2.3.3　周 SAR 短暂翻绿伺机加仓

周 SAR 短暂翻绿往往意味着股价在上涨过程中形成了回调，只是能让周 SAR 指标翻绿的回调，下跌的幅度可能会比较大。中线投资者需要根据自身持股策略来决定是否卖出，又是否在后续股价止跌回升的低位重新建仓或加仓。

下面通过一个案例来进行解析。

实例分析

天合光能（688599）周 SAR 短暂翻绿伺机加仓

图 2-23 为天合光能 2021 年 5 月至 12 月的周 K 线图。

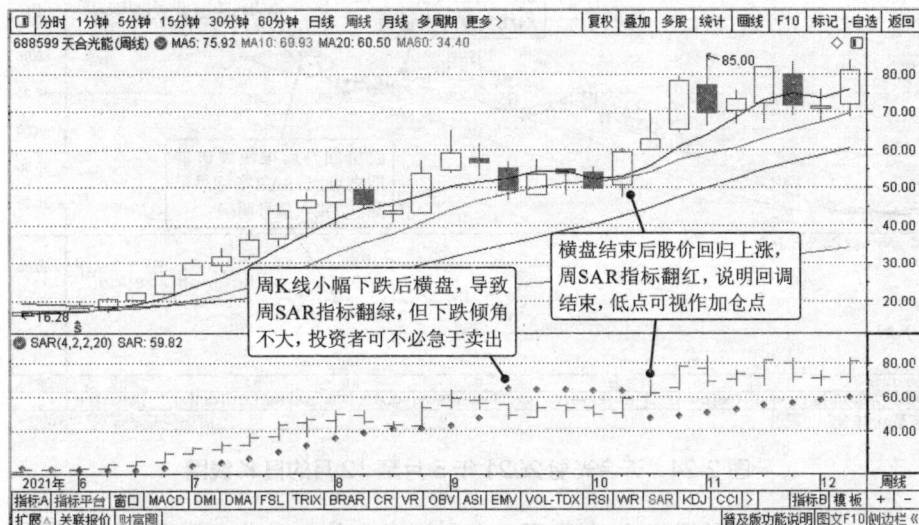

图 2-23　天合光能 2021 年 5 月至 12 月的周 K 线图

在天合光能的周 K 线图中，K 线大部分时间都在收阳上涨，2021 年 6 月到 7 月的涨势尤为迅猛，股价一直上涨到小幅越过 50.00 元价位线才收阴回调，不过并没有跌破周 SAR 指标，中线投资者不必理会。

下一波上涨开启后，该股于 9 月初在 60.00 元价位线附近受阻后再次回调。此次股价回调的幅度就比较大了，周 SAR 指标被跌破后翻绿，但从其下跌倾角及 K 线走势来看，该股在跌至 50.00 元价位线附近后更像是横盘整理，而非深度回调，周 SAR 指标绿点几乎走平。那么，中线投资者就可以不必急于卖出，等待一段时间看股价会不会回升。

　　从后续的走势可以看到，该股在 10 月中旬就明显收阳上涨了，周 SAR 指标在 K 线收阳的第二周翻红，回归了上涨走势，说明该股还有一定的上涨空间。已经卖出的中线投资者可重新入场，一直持有的投资者则可以伺机加仓。

　　下面转回日 K 线图中来进一步验证买进策略的正确性。

　　图 2-24 为天合光能 2021 年 5 月至 12 月的日 K 线图。

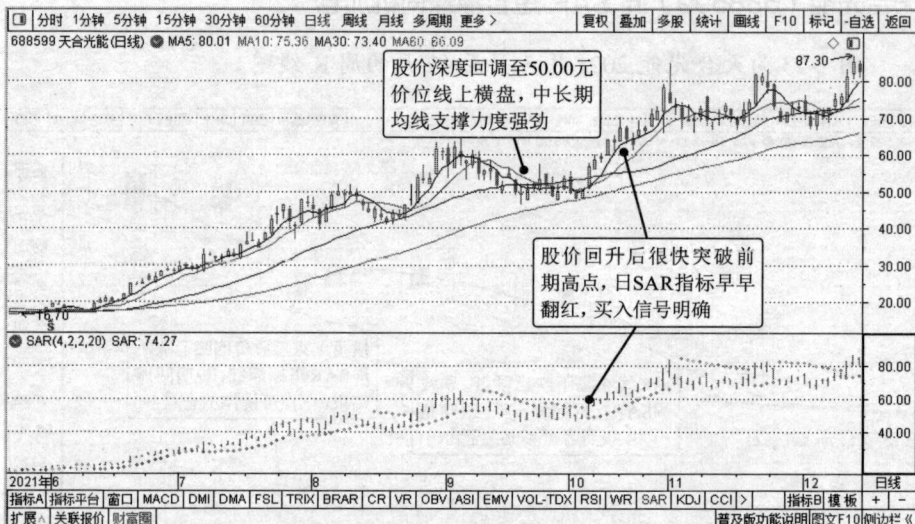

图 2-24　天合光能 2021 年 5 月至 12 月的日 K 线图

　　从天合光能的日 K 线走势可以看到，在 9 月初形成回调后，股价很快便跌落到 50.00 元价位线附近并横盘。在横盘期间，60 日均线提供了强劲的支撑，并且在上扬接近 K 线后推动其收阳上涨，延续了原有的趋势。

　　而在日 K 线收阳回升的同时，日 SAR 指标也早早翻红了，提前于周 SAR 指标发出看涨信号，进一步证实中线投资者建仓或加仓操作的正确性。

第 3 章

BOLL指标确定中线趋势

　　BOLL指标是一种趋势型指标，常用于观察股价的趋势走向及分析个股未来可能的变盘方向。因其结构简单，应用技术便捷易懂，就算是初入市的中线投资者在深入学习后，也能很好地使用。

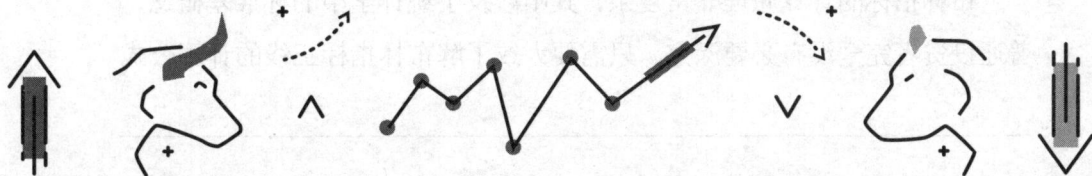

3.1 BOLL 指标基础解析

BOLL 指标也就是人们常说的布林指标，它还有布林通道、布林线等别称，原因就在于它特殊的应用之法，与前面介绍过的均线、成交量、MACD 指标及 SAR 指标都有所不同，下面先来了解其构成和原理。

3.1.1 BOLL 指标的运行原理

布林指标主要由三条线构成，即布林上轨线、布林中轨线和布林下轨线，叠加在 K 线上时分别起到不同的作用，如图 3-1 所示。

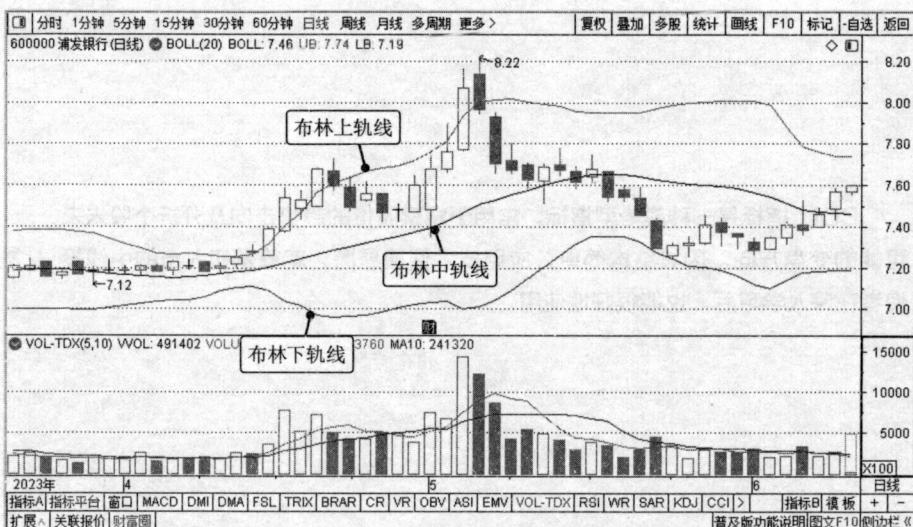

图 3-1 K 线图中的布林指标

从图 3-1 中可以看到，布林指标之所以会被称为布林通道，就是因为它的上轨线和下轨线会随着股价的变动而扩张和收缩，形成一个具有弹性的价格区间，进而对股价的运行起到一定的限制作用。布林中轨线则多用于判断股价的变盘方向，起到趋势指向的作用。

布林指标的计算原理非常复杂，其中涉及了统计学中的标准差概念，普通投资者完全没有必要深究，只需要大致了解布林指标三线的计算公式即可，具体如下：

$$中轨线 = N 日内的收盘价之和 \div N$$

$$上轨线 = 中轨线 + 两倍的标准差$$

$$下轨线 = 中轨线 - 两倍的标准差$$

细心的投资者可能已经发现了，布林中轨线实际上就是一条移动平均线，布林上轨线和布林下轨线都是在其基础上计算得来的，因此，布林中轨线的运行情况十分关键，投资者应当重点关注。

一般来说，布林指标是默认放在副图指标窗口中使用的，图 3-1 中展示的叠加在 K 线上的布林指标是经过了公式修改的。修改方法也很简单，投资者在副图指标窗口中调出布林指标后右击任意一条指标线，在弹出的子菜单栏中选择"修改当前指标公式"，如图 3-2 所示。

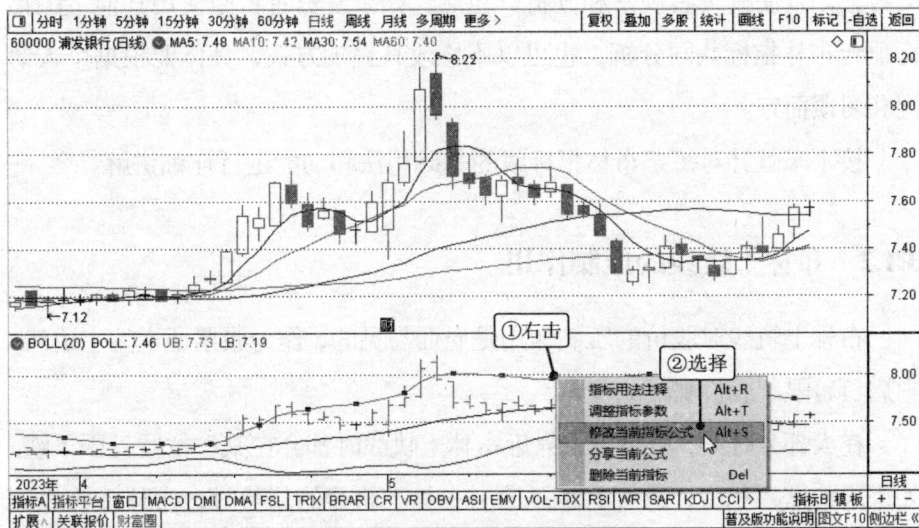

图 3-2　调出指标公式编辑器

然后在弹出的"指标公式编辑器"对话框中，单击右上方"画线方法"右侧的下拉按钮，在弹出的下拉列表中选择"主图叠加"选项，最后单击右侧的"确定"按钮即可完成修改，如图 3-3 所示。

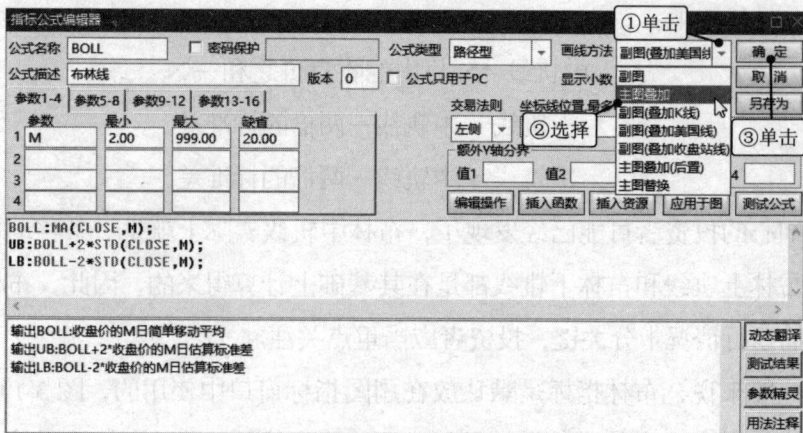

图3-3　修改布林指标叠加方式

修改完成后，投资者在 K 线图中调出布林指标，它就会直接叠加在 K 线上，方便投资者观察和分析。当然，如果投资者希望使用其他主图指标配合布林指标共同分析，也可以不修改其叠加方式，具体要根据个人情况和习惯而定。

接下来就针对每条布林指标线的基础用法和功能进行详细讲解。

3.1.2　布林上轨线的压制作用

布林上轨线对股价的压制作用是显而易见的，作为股票通道的上边线，它肩负着限制股价涨幅的使命。

在大部分时候，股价上涨靠近布林上轨线时都会在某一位置受压下跌。如果股价涨幅稍大，甚至有越过原有布林上轨线的趋势时，布林上轨线还会根据股价的上涨情况进行适当的高度调整，确保能够将股价包覆在布林通道内。

但并不是所有时候布林上轨线都能跟上股价的涨速，在有些情况下，当股价短期涨速过快时，布林上轨线是有可能被突破的，只是持续时间不会太长，布林上轨线会迅速上扬，重新将股价压制回布林通道内。

下面通过一个案例来观察布林上轨线对股价的压制作用。

实例分析

钧达股份（002865）布林上轨线对股价的压制

图 3-4 为钧达股份 2021 年 10 月至 2022 年 3 月的 K 线图。

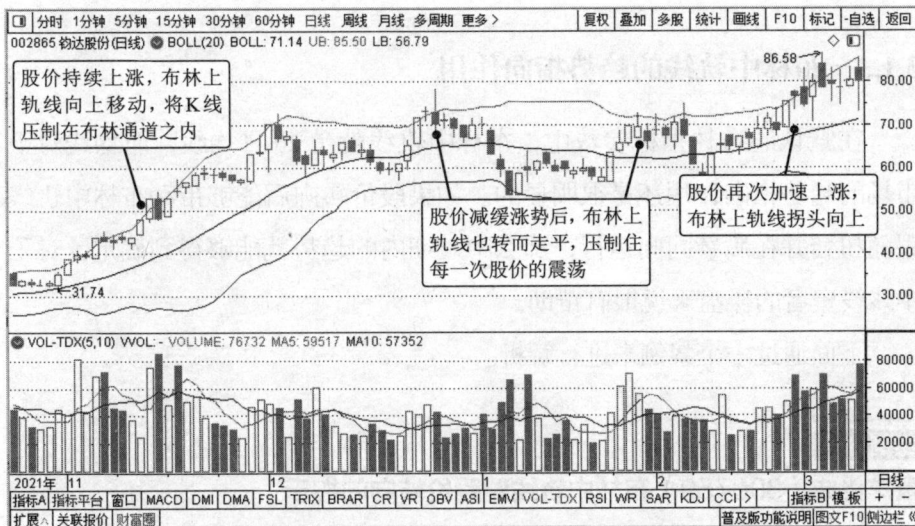

图 3-4　钧达股份 2021 年 10 月至 2022 年 3 月的 K 线图

从钧达股份的这段走势中可以看到，该股在 2021 年 11 月之前还处于横盘状态，布林上轨线也随之走平。但随着 11 月初股价的上涨，原本走平的布林上轨线有压制不住 K 线的迹象，于是调整为向上运行，保证能够覆盖在 K 线上方。

在整个 11 月，股价几乎都处于上涨之中，布林上轨线也在持续上扬，基本上能够将股价限制在布林通道之内。

到了 12 月初，该股在 70.00 元价位线附近受阻后回调向下，结束了此次的快速上涨。布林上轨线反应迅速，很快跟随走平。

12 月中旬，该股形成了一次反弹，向上靠近了布林上轨线，并且有突破的迹象。为保证压制作用的持续性，布林上轨线稍微向上移动了一定距离形成覆盖，再加上股价已经处于前期压力线附近，在双重压力下不得不拐头下跌，回到布林通道之内。

在后续的走势中，股价又重复了一次突破压力线失败的走势，布林上轨线依旧压制在其上方。2022 年 2 月底，股价在强势上涨后终于突破了 70.00 元价位线，意味着下一波拉升的开启。与此同时，布林上轨线拐头向上，适应着股价的上涨，也限制着股价的涨速。

3.1.3　布林中轨线的趋势指向作用

在默认的布林指标参数中，布林中轨线就是 20 日均线，而均线对于市场的趋势指向作用还是很明显的。如果股价转向后能够带动布林中轨线跟随扭转并在后续同向运行，那么中短期内的趋势就能够得到确定，对于中线投资者的操盘来说很有帮助。

下面通过一个案例来进行解析。

实例分析

康龙化成（300759）布林中轨线对股价转向的指示

图 3-5 为康龙化成 2022 年 10 月至 2023 年 3 月的 K 线图。

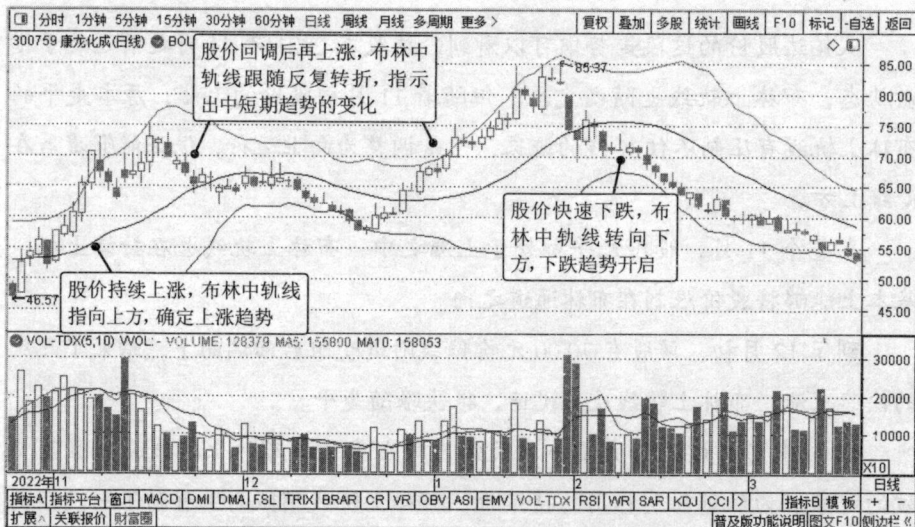

图 3-5　康龙化成 2022 年 10 月至 2023 年 3 月的 K 线图

从图 3-5 中可以看到，康龙化成在此期间经历了数次涨跌趋势的变换，布林中轨线也形成了对应的变化，确定了这些中短期趋势的形成。

2022 年 11 月，股价明显是处于上升期的，布林中轨线承托在其下方向上运行，说明短时间内该股的涨势能够确定，投资者是可以建仓的。到了 11 月中旬，股价在 75.00 元价位线上受阻回落，很快便跌到了布林中轨线附近，并且在跌破后沿着布林中轨线横向运行。

一般来说，当布林中轨线被跌破或突破，股价又没能在短时间内回归原有趋势，就有可能出现变盘。此时 K 线的表现和布林中轨线的逐渐走平就传递出了股价可能继续下跌的信号，投资者可以考虑出局，避开这波下跌。

12 月初，该股确实出现了快速的收阴下跌，一直落到 60.00 元价位线下方才止跌回升，而且回升的速度较快，数日后就突破到了布林中轨线以上。尽管此时的布林中轨线还在下行，但下倾角度已经减缓，并且股价在突破后没有回落的迹象，说明涨势强劲。待到布林中轨线也完成转向，这波上涨趋势就能够得到确定，投资者买进也更有信心。

从后续的走势可以看到，该股的这波上涨一直持续到 2023 年 1 月底，高度也达到了 85.00 元左右，近期涨幅还是非常可观的。只是在创出阶段新高后，股价就冲高回落，数日后跌破了还在上行的布林中轨线，并在后续持续下跌，带动布林中轨线向下转向，确定了下跌趋势。

此次布林中轨线的转向速度较快，间接证明了股价跌势相较前期更加迅猛，以及后市可能存在较大的下跌空间，投资者应及时在合适的位置卖出。

3.1.4　布林下轨线的支撑作用

布林下轨线是整个布林通道的支撑线，对股价有着比较强劲的支撑作用。与布林上轨线类似，布林下轨线也会根据股价的变动情况进行适当调整，一般不会被轻易跌破，只是偶尔会与 K 线接触。

注意，这里的跌破指的是 K 线实体的大部分或全部运行到布林下轨线之外，并非接触到了就算跌破。

下面通过一个案例来观察布林下轨线对股价的支撑作用。

实例分析

美迪西（688202）布林下轨线对股价的支撑

图 3-6 为美迪西 2021 年 9 月至 2022 年 2 月的 K 线图。

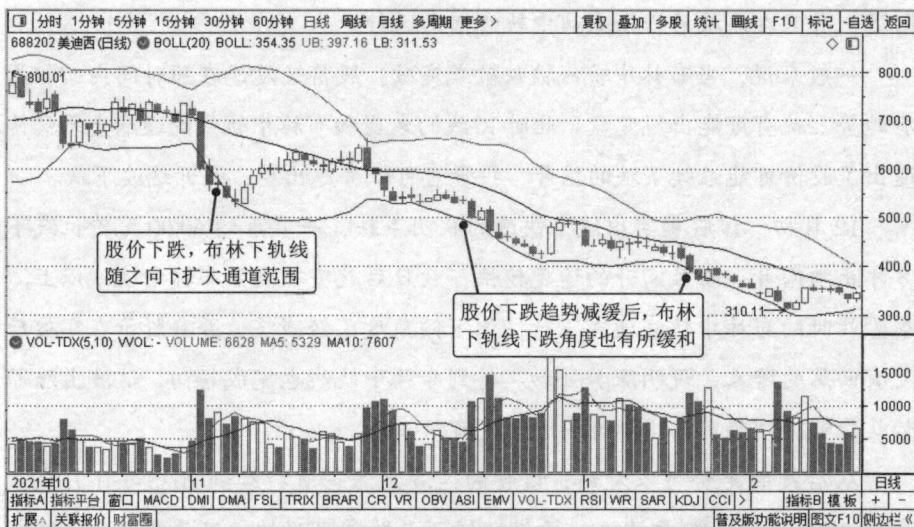

图 3-6　美迪西 2021 年 9 月至 2022 年 2 月的 K 线图

在美迪西的这段走势中，股价从 2021 年 10 月初开始就进入了下跌趋势之中。K 线先是跌破了布林中轨线，落到布林下轨线附近后得到支撑小幅回升，但在横盘一段时间后还是拐头下跌，使得布林中轨线彻底向下转向，确定了下跌趋势的形成。

在 11 月初股价横盘结束再次下跌的过程中，由于 K 线收阴幅度较大，布林下轨线尽管在迅速向下扩张通道，但还是被小幅跌破了，传递出了明显的看跌信号。不过股价的这波快速下跌没有持续太久，在 11 月上旬 K 线就收阳反弹了，布林下轨线的下倾角度也有所减缓。

到了 11 月底，股价反弹至布林上轨线附近受阻后再次下跌，很快便跌破布林中轨线，来到了布林下轨线附近。此次股价下跌的速度相较于前期就慢了许多，因此，布林下轨线也没有像 11 月初那样急速向下转折，而是在承托住 K 线后就与其贴合在一起稳定向下运行，形成的卖出信号也没有那么急迫了。

在后续的走势中，该股又在布林中轨线和布林下轨线之间形成了一次幅度更小的反弹，期间布林下轨线一直维持着对股价的支撑。但股价最终也没能形成更好的表现，只是在一定的价格通道内震荡下滑，市场依旧处于看跌情绪浓厚的状态，投资者不可轻易介入。

3.2　BOLL 指标线的中线形态分析

在了解布林指标三线的基本作用后，投资者就可以进入特殊形态的学习中了。这些特殊形态包含 K 线与布林指标线之间的某些交叉形态和位置关系，也有布林指标三线配合形成的形态，能够很好地帮助中线投资者寻找买卖点。

3.2.1　飞跃布林线

飞跃布林线其实就是股价在短时间内急速上涨，彻底突破布林上轨线的形态，如图 3-7 所示。

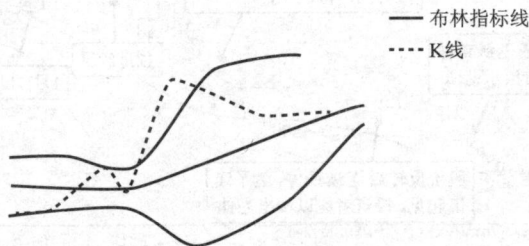

图 3-7　飞跃布林线示意图

一般来说，只有当股价连续上涨甚至涨停，才能接连数日维持在布林上轨线之外运行，飞跃布林线的形态才算标准。毕竟股价在日常运行过程中也是会偶尔突破布林上轨线的，并不是每次突破都能称为飞跃布林线。

　　飞跃布林线的形态一般形成于上涨行情之中，有时候是上涨途中的急速拉升，有时候又是行情见顶前的最后一波上冲。

　　这两种位置形成的飞跃布林线的信号是不太一样的，前者是很好的中线买进信号，投资者可以跟随追涨。而后者往往意味着股价即将耗尽上涨动能，不久之后可能从高位反转向下。这个时候投资者就需要结合多方面进行分析了，必要时还可以进入分时图中观察分笔交易数据，看是否有主力参与和出货的痕迹。

　　当然，这些分析大多需要股价运行到高位后才能进行。当股价刚开始拉升时，其实投资者很难分辨出这到底是上涨过程中的常规拉升还是反转前夕的最后冲刺。因此，投资者需要根据自身的操盘策略和风险承受能力决定要不要跟进，跟进后也要保持谨慎。

　　下面通过一个案例来进行解析。

实例分析

西安饮食（000721）飞跃布林线形态解析

　　图 3-8 为西安饮食 2022 年 9 月至 2023 年 2 月的 K 线图。

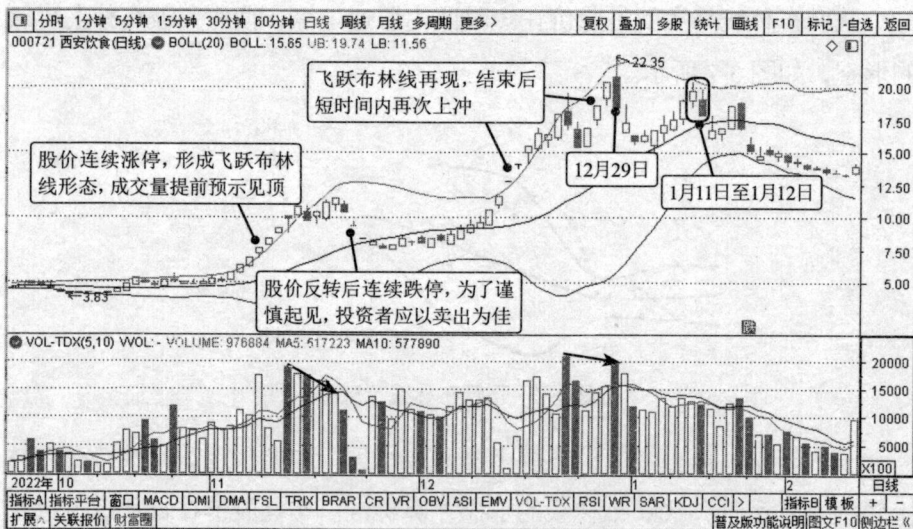

图 3-8　西安饮食 2022 年 9 月至 2023 年 2 月的 K 线图

　　图 3-8 中展示的是西安饮食的一段上涨行情，从 K 线图中可看到，在 2022 年 11 月之前，股价长期处于 5.00 元价位线以下的低位区域横盘震荡，波动幅度较小，使得布林通道收缩到 K 线附近并同步走平。

　　但在进入 11 月后不久，K 线就开始了连续的涨停，并很快突破到了布林上轨线以外，形成了明显的飞跃布林线形态。如此积极的飞跃布林线显然释放出的是看涨信号，再加上股价刚从低位回升，后市的上涨空间可能会比较大，中线投资者可试探着建仓入场。

　　11 月上旬，该股在接近 10.00 元价位线时收阴整理了一个交易日，当日的成交量放出巨量，说明场内有大资金交易，抛压开始集中释放。

　　后续的几个交易日内，股价虽然还在上涨，但涨速明显减缓，K 线回到布林通道之内，结束了飞跃布林线形态。同时，成交量的量能也出现明显缩减。这些都是股价即将见顶下跌的预警信号，但到底是阶段见顶还是行情见顶尚不清楚，中线投资者要保持高度警惕。

　　11 月中下旬，该股收出了一根跌停阴线，传递出上涨趋势即将反转的信号，并且跌幅可能还不小。为了谨慎起见，此时中线投资者还是应以卖出为佳，毕竟单凭这些信号无法确定后市是否还有上涨潜力。

　　从后续的走势可以看到，该股其实在连续跌停三个交易日后就在布林中轨线附近受到支撑回升了。当其在 12 月初突破布林中轨线彻底回归上涨后，中线投资者又可以重新买进或加仓了。

　　12 月中上旬，股价再次以连续涨停的走势突破布林上轨线，形成了飞跃布林线，涨速与前期相差无几。待到其上涨至 20.00 元价位线下方时，K 线连续收出两根阴线形成短暂的回调，破坏了飞跃布林线的形态。但在第三个交易日 K 线就再次收阳上涨了，尽管没能再次突破布林上轨线，短期涨势还是十分迅猛的。

　　不过这种涨势在 12 月 29 日产生了明显的变化，也正是这个交易日的奇特走势，改变了投资者的判断。

　　图 3-9 为西安饮食 2022 年 12 月 29 日的分时图。

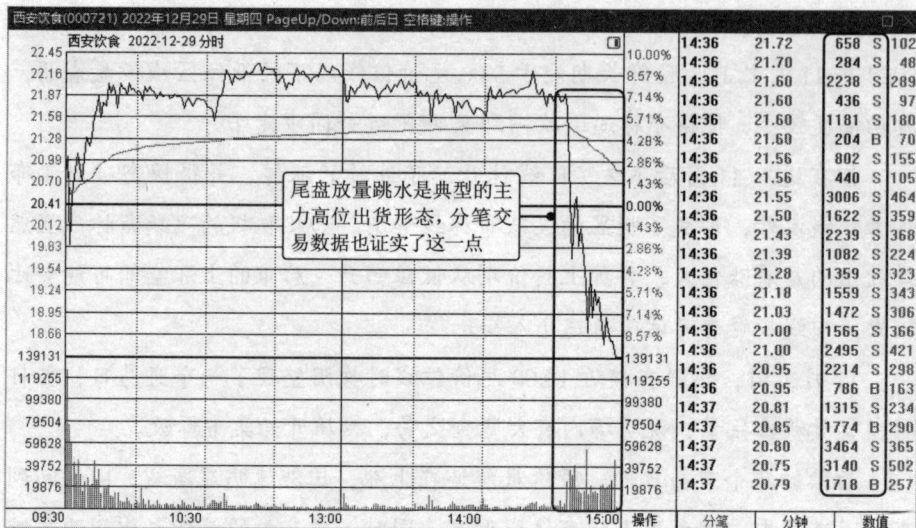

图 3-9　西安饮食 2022 年 12 月 29 日的分时图

　　从 12 月 29 日的分时走势可以看到，在 14:30 之前，该股的走势都算是比较正常，只是涨速不如前面几个交易日快而已。但进入尾盘后，盘中突然出现了大批量的卖单，并且大部分的卖单单笔成交数都超过了 1 000 手，很显然，这大概率是主力的挂单。

　　再看股价的变动情况可以发现，就在大量卖单成交之后，价格就出现了跳水式的下跌，股价线几乎是呈直线向下转折，到了收盘时，股价已然跌停。

　　这种尾盘放量跳水跌停的形态在高位出现，是典型的主力出货标志，再加上分笔交易数据的明显异常，投资者基本上可以判断出股价即将下跌的信号，那么谨慎一些的投资者就要及时在股价彻底破位下跌之前卖出兑利。

　　回到 K 线图中继续观察，可以发现，股价确实在 12 月 29 日之后出现了下跌，但数日后就在布林中轨线上得到支撑再次上涨。有了前期主力出货形态的警告，中线投资者就不必急于追涨买进，毕竟此时股价的上涨有可能是主力设置的多头陷阱，目的是吸引散户追涨，自己在此过程中逐步散出筹码，达到出货目的。

　　在 1 月 11 日和 1 月 12 日，分时走势中再次形成了明显的异常情况。

　　图 3-10 为西安饮食 2023 年 1 月 11 日和 1 月 12 日的分时图。

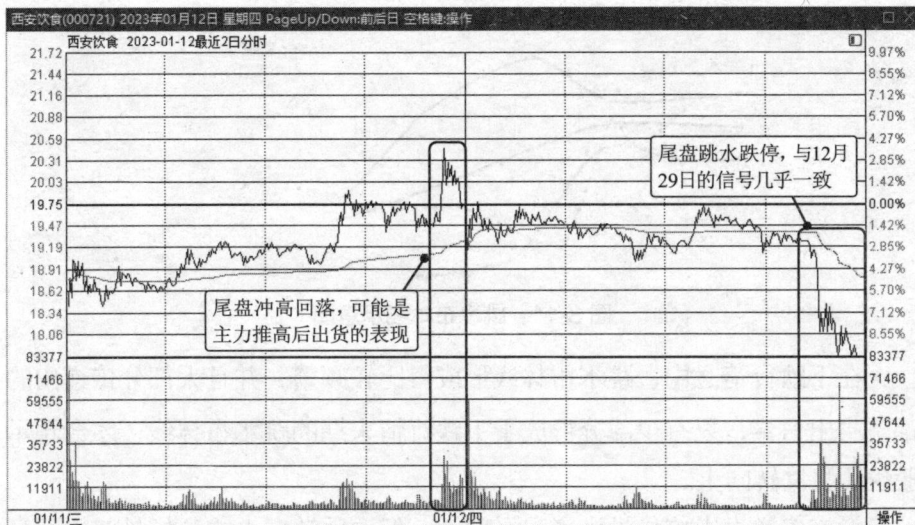

图 3-10　西安饮食 2023 年 1 月 11 日和 1 月 12 日的分时图

从这两个交易日的分时走势可以看到，股价的异常表现都是在尾盘形成的。1 月 11 日的尾盘中出现的是冲高回落的走势，1 月 12 日的尾盘中出现的则又是尾盘放量跳水跌停。

首先，股价高位的尾盘冲高回落很可能是主力在推涨之后大量卖出筹码，导致价格在急涨后急跌，这与投资者在前面得出的推论一致。其次，1 月 12 日尾盘放量跳水跌停的形态与 12 月 29 日的相似度极高，不难看出也是主力大批量出货导致的。

再加上在 K 线图中，这两个交易日正好卡在 20.00 元价位线及布林上轨线上，释放出的是突破困难的信号。此时，中线投资者就不能再继续持有，而是应以及时撤离，保住收益为佳。

3.2.2　跳水布林线

跳水布林线指的就是股价在短时间内急速下跌，直至跌破布林下轨线的形态，如图 3-11 所示。

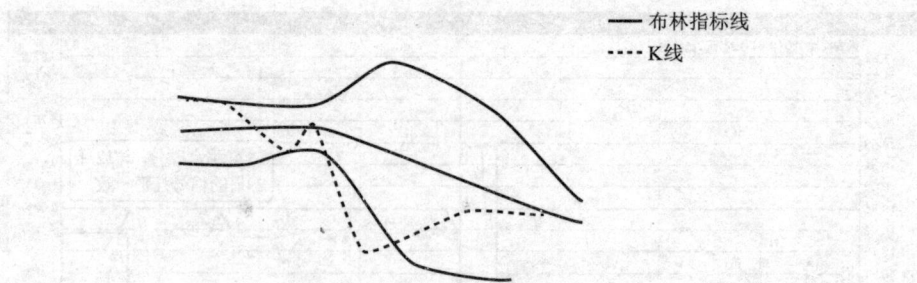

图 3-11　跳水布林线示意图

　　在下跌行情之中，跳水布林线形成得比较频繁，并且大部分传递出的都是卖出信号，只有少部分形成于下跌行情末期的跳水布林线，才会预示股价即将反转向上。

　　形态传递卖出信号投资者很好理解，但这反转向上的信号是怎么回事呢？其实这与飞跃布林线在高位会形成见顶信号是一个道理。

　　一般来说，当股价经历了长时间的下跌后，场内投资者的积极性已经被消耗殆尽，买卖交易相对冷淡，这也会导致股价走势平缓。但如果在某一时刻股价突然加速下跌，甚至形成跳水布林线，外界又没有特别明显的消极信息刺激，那么这个跳水布林线就很可能是主力操作造成的。

　　其目的很好推测，大概率是想趁着股价还处于低位时进一步压价，然后大量吸筹，降低持股成本，同时也进一步清除场内的浮动筹码，以便减轻后续拉升时散户大量兑利卖出造成的压力和阻碍。

　　由此可见，中线投资者虽然很少参与下跌行情，但有时候也可以关注去寻找抄底机会。

　　当然，这种走势只是少数，大部分时候的跳水布林线杀伤力较大，中线投资者最好不要在跳水布林线构筑过程中或结束后不加分析地贸然介入。

　　下面通过一个案例来进行解析。

实例分析

北京文化（000802）跳水布林线形态解析

　　图 3-12 为北京文化 2021 年 3 月至 8 月的 K 线图。

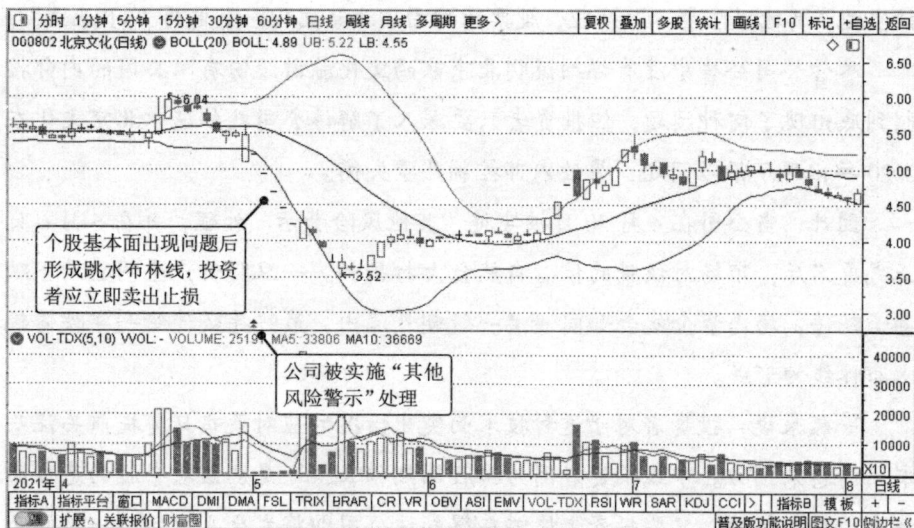

图 3-12　北京文化 2021 年 3 月至 8 月的 K 线图

图 3-12 中展示的是北京文化的一段下跌走势，从中可以看到，在 2021 年 4 月上旬，该股的走势还算平稳，但在 4 月下旬之后，股价就变得有些异常，开始无规律上下震荡，后续更是在 4 月 30 日之后连续收出一字跌停，直接跌破布林下轨线并持续在其下方运行，形成了一个比较极端的跳水布林线。

如此突兀的连续一字跌停跳水布林线不太可能是股价自然交易形成的，一般是主力刻意压价，或者个股背后的上市公司出现了重大利空消息对市场造成刺激导致的。而北京文化此次连续一字跌停的原因就属于后者。

细心的投资者会发现，就在股价形成一字跌停的前一个交易日，也就是 4 月 30 日的 K 线下方，有一个双三角重叠的标志，这是个股改名的标志，说明该股在这一个交易日后正式更名。但仅仅是一次更名怎么会让市场受到如此刺激呢？这就与北京文化更名的原因有关了。

2021 年 4 月 30 日，北京京西文化旅游股份有限公司发布《关于公司股票交易被实施其他风险警示暨停牌的公告》，公告中称，因相关会计师事务所对公司 2020 年度内部控制有效性出具了否定意见的《内部控制审计报告》，根据《深圳证券交易所股票上市规则》相关规定，公司股票将于 2021 年 4 月 30 日停牌一天，并于 2021 年 5 月 6 日开市起复牌。公司股票自 2021 年 5 月 6 日起被实施"其他风险警示"处理，股票简称由"北京文化"变更为"ST北文"。

尽管公司公告中没有详细说明北京京西文化旅游股份有限公司的内部控制到底出现了何种问题，但投资者只要深入了解该公司就知道，北京文化在2020年出现了很多问题，导致内部控制严重失衡。

因此，当公司在4月30日被实施"其他风险警示"处理，并在5月6日正式更名后，市场对该股的信心自然会大打折扣。一旦股价产生明显的下跌甚至跌停，场内资金就会如同泄洪一般朝外涌出，最终导致连续一字跌停跳水布林线的形成。

一般来说，投资者对于这种技术面突出情况的应对策略只有提前关注基本面消息来预防。中线投资者因为持股周期稍长，还是应该对个股的基本面消息稍加关注的，只要投资者能够在得知该公司即将发生变故的第一时间卖出，就能规避掉后市的下跌。

当然，也有很多中线投资者没有关注个股基本面消息的习惯，那么遇到这种情况基本上就是猝不及防地被套，因为这种暴跌在技术面上大概率是没有预警的。如果投资者不幸被套，就只能在每个交易日抢先挂单，以求尽快达成交易，趁早撤离。

3.2.3　布林三线平行上移

布林三线平行上移指的是当股价在某段时间内积极且稳定地上涨时，布林指标的三条指标线都配合上扬并大致平行的走势，如图3-13所示。

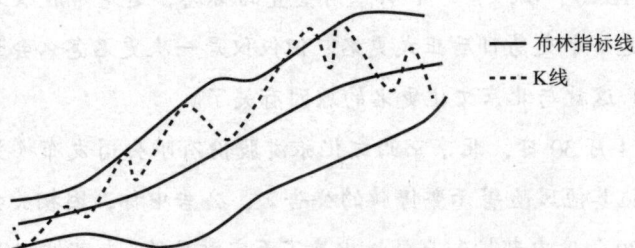

图 3-13　布林三线平行上移示意图

从图 3-13 中可以看出，布林三线平行上移形态的构筑需要一个过程，并且在三线大致平行后，布林上轨线和下轨线依旧会受到股价变动的影响而产生一定的波动，但只要不是大幅震荡或转向、走平，三线平行的形态依旧是成立的。

因此，当布林三线平行上移形态出现并大致稳定后，中线投资者就可以适当建仓或加仓入场。当然，在拉升的初始时期，股价刚突破布林中轨线的位置也是一个买点，激进型投资者可以尝试介入。

需要注意的是，布林三线平行上移形态是可以连续出现的。简单来说，就是当股价在多次的震荡中呈波浪式上升，多次加快上涨速度，就有可能使得布林三线平行上移形态在被短暂破坏后再度形成。

在这种情况下，投资者就可以多次加仓并一直持有。待到股价涨势减缓，形成滞涨或下跌导致布林三线平行上移被彻底破坏时，中线投资者就可以借高出货，完成兑利。

下面通过一个案例来进行详细解析。

实例分析

剑桥科技（603083）布林三线平行上移形态解析

图 3-14 为剑桥科技 2022 年 11 月至 2023 年 3 月的 K 线图。

从图 3-14 中可以看到，剑桥科技在 2023 年 1 月之前基本位于 12.00 元价位线附近横盘运行，市场交投情绪较为低迷，布林通道也紧缩在 K 线附近并走平。

直到在 1 月初创出 11.07 元的阶段新低后，该股才逐步收阳上涨，并于 1 月下旬成功突破布林中轨线，开启了拉升走势。布林指标线在其带动下开始向上发散，尽管布林下轨线还在走平，但指标依旧传递出了看多信号，激进型中线投资者可以尝试建仓。

在 2 月中旬之后，布林下轨线终于完成了向上的转向，指标形成了布林三线平行上移的形态，明确的买点形成。此时，谨慎的投资者也可以介入了。

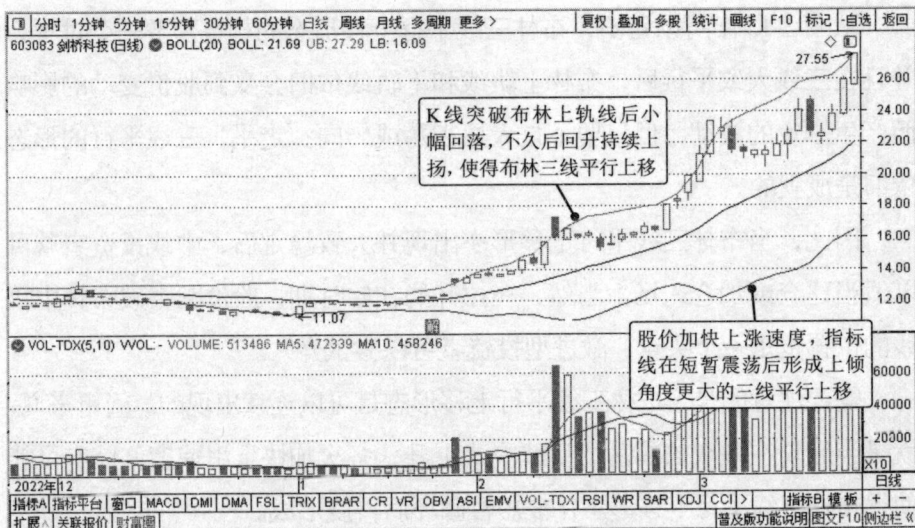

图 3-14　剑桥科技 2022 年 11 月至 2023 年 3 月的 K 线图

继续来看后面的走势。在 2 月底，该股加大收阳幅度后涨速明显加快，阳线还小幅突破到了布林上轨线之外，导致布林上轨线不得不加大上扬角度才能将其包裹在布林通道之内。这样一来，布林三线平行上扬的形态就被破坏了，但从其破坏方式来看是比较积极的，中线投资者可继续持有。

3 月初，股价小幅回调后稳定了上涨走势，布林三线平行上扬的形态再度形成。这就是一个非常积极的看多信号，中线投资者完全可以在此加仓，场外投资者则可以追涨入场。

图 3-15 为剑桥科技 2023 年 2 月至 6 月的 K 线图。

投资者从剑桥科技后续的走势中可以看到，在 3 月底，该股又一次明显加快上涨速度，导致布林上轨线再次脱离原有趋势，破坏了布林三线平行上扬的形态。

4 月中旬，股价的涨势稳定了下来，布林三线形成平行上扬走势，说明市场依旧长期向好。期间股价形成了一次比较明显的回调，但并未对形态造成太大影响，投资者不必急于卖出。

但在进入 5 月后，该股回调的持续时间就比较长了，布林三线开始向着 K 线收缩，布林三线平行上扬明显被破坏。

从拐头下行的布林上轨线及股价走势来看，这种破坏并非预示后市向好的信号。再加上中线投资者从 2023 年 1 月持股到现在，时间已经足够长，没有必要再冒险，因此，可以在此位置卖出，将前期收益兑现，随后再考虑后续是否要再次买进。

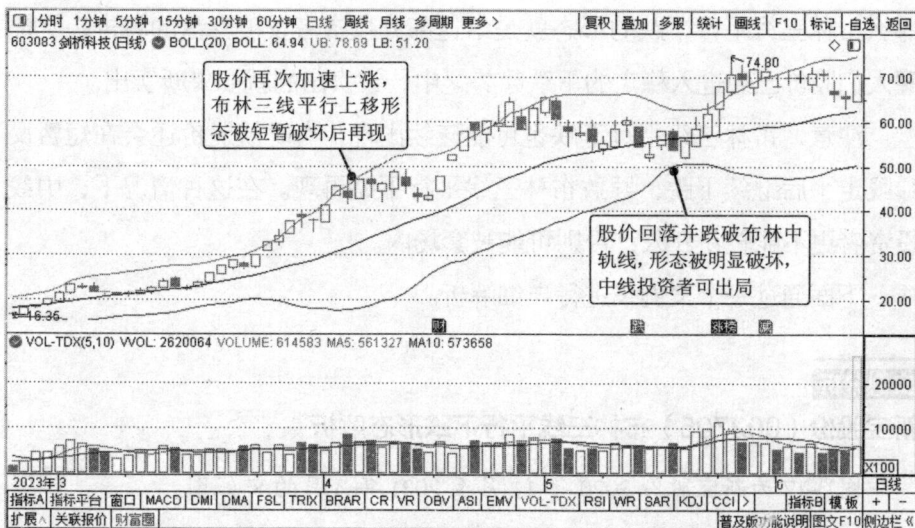

图 3-15　剑桥科技 2023 年 2 月至 6 月的 K 线图

3.2.4　布林三线平行下跌

布林三线平行下跌指的是当股价在某段时间内持续下跌时，布林指标的三条指标线都拐头向下并大致平行的走势，如图 3-16 所示。

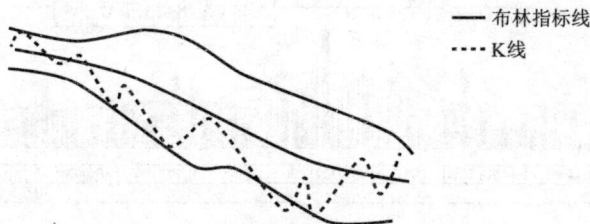

图 3-16　布林三线平行下跌示意图

从图 3-16 中可以看到，布林三线平行下跌的形态基本就是布林三线平行上扬的翻转，那么该形态释放出的信号自然也与布林三线平行上扬截然相反，是催促投资者卖出的信号。

一般来说，这种形态常见于下跌途中。按照中线投资策略，中线投资者是不太适合参与下跌抢反弹的，但总有一些愿意冒险的投资者会尝试。那么布林三线平行下跌的形态就是给这部分投资者及被套盘的警告，它提醒人们股价已经进入稳定的下跌趋势之中，该卖出的就要果断卖出。

注意，布林三线平行下跌也可能连续出现，有时候股价还会在短暂反弹或走平后继续下跌，导致布林三线平行下跌再现。在这种情况下，中线投资者更不能轻易介入，否则可能被套场内。

下面通过一个案例来进行详细解析。

实例分析
新宝股份（002705）布林三线平行下跌形态解析

图 3-17 为新宝股份 2020 年 11 月至 2021 年 3 月的 K 线图。

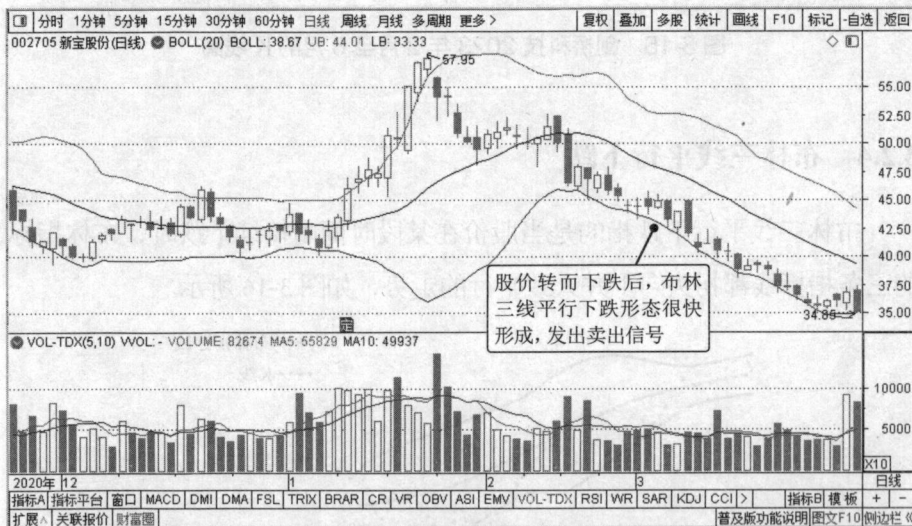

图 3-17　新宝股份 2020 年 11 月至 2021 年 3 月的 K 线图

在新宝股份的这段走势中，股价于 2021 年 1 月形成了一次相当快速的拉升，但可惜的是持续时间不长，数十个交易日后就拐头下跌了，不过还是吸引了不少中线投资者参与。

1月下旬，该股创出 57.95 元的阶段新高后拐头向下，迅速在数日之内接近了布林中轨线，短期跌速极快，机警的中线投资者早已迅速卖出。待到股价接触到布林中轨线后，便沿着该指标线横向运行，但最终还是于 2 月中旬将其彻底跌破，进入了持续的下跌趋势之中。

从后续的走势可以看到，该股在此之后几乎一直紧贴着布林下轨线运行，布林上轨线和布林中轨线转向后也跟随下移，形成了比较标准的布林三线平行下跌形态。这就是一个非常明显的持续性看跌信号了，此时还未离场的中线投资者需要尽早出局。

图 3-18 为新宝股份 2021 年 3 月至 8 月的 K 线图。

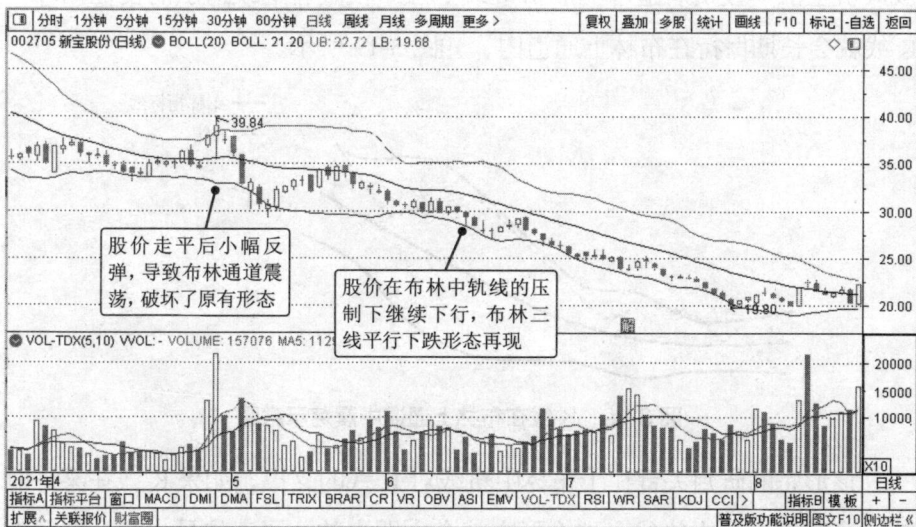

图 3-18　新宝股份 2021 年 3 月至 8 月的 K 线图

图 3-18 展示的是新宝股份上一个布林三线平行下跌形态结束后的走势，从 K 线图中可以看到，该股在 4 月初时跌落到 35.00 元价位线附近横盘，并在 4 月底形成了一次小幅反弹，导致布林指标有所震荡，破坏了原有形态。

很显然，这并不是投资者的介入机会，因为股价反弹的幅度实在太小，并且在反弹结束后迅速回归了下跌趋势之中。5 月初，股价再次收阳上涨，但在接触到布林中轨线后被压制下行，说明股价突破困难。

在后续的走势中，股价长期在布林下轨线附近运行，并且在持续下跌的过程中带动布林三线形成了平行下跌的状态，稳定性与上一次不相上下，释放的卖出信号却更加强烈。毕竟此时的股价已经跌下了 30.00 元价位线，如果投资者没有及时卖出，损失将会持续扩大。

3.2.5　K 线在布林上通道中震荡

布林上轨线与布林中轨线之间的通道，就是人们常说的布林上通道。要让 K 线长期在布林上通道中运行，就需要市场积极追涨来支撑，进而形成股价上涨→投资者追涨→股价继续上涨→投资者继续追涨的良性循环，K 线就会长期保持在布林上通道内，如图 3-19 所示。

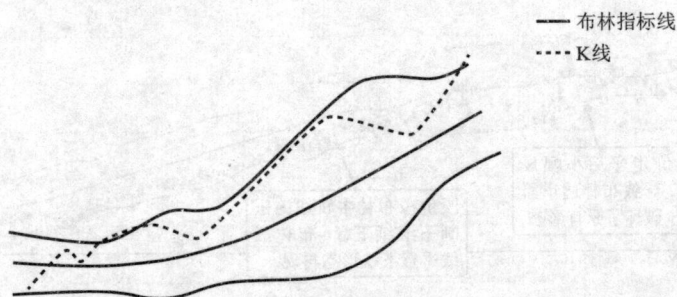

图 3-19　K 线在布林上通道中震荡示意图

该形态的研判关键在于布林中轨线对 K 线的支撑，如果 K 线在某一时刻彻底跌破布林中轨线，那么形态就会立即失效，买卖信号也会反转。至于布林上轨线对 K 线的限制则没有过多要求，偶尔 K 线突破布林上轨线也是可以的，这是股价涨势积极的证明。

那么中线投资者应对 K 线在布林上通道中震荡的形态策略就十分明朗了，即当股价突破布林中轨线并稳定上行时买进，当股价跌破布林中轨线后回抽不过时卖出。

不过，有些时候股价会在短暂跌破布林中轨线后迅速回到其上方。面对这种假跌破，中线投资者也可以继续持有，但要注意分辨，避免被真跌破套在场内。

下面通过一个案例来进行解析。

实例分析

海洋王（002724）K 线在布林上通道中震荡解析

图 3-20 为海洋王 2021 年 1 月至 6 月的 K 线图。

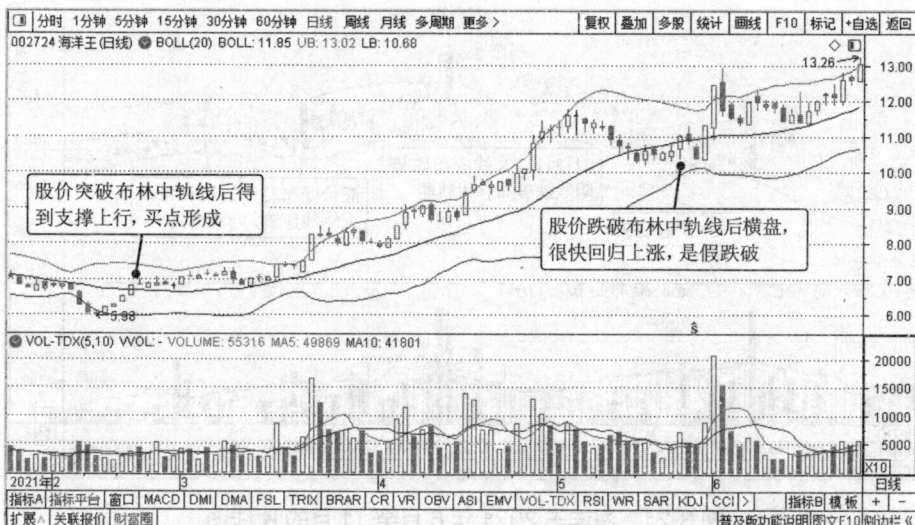

图 3-20　海洋王 2021 年 1 月至 6 月的 K 线图

图 3-20 中展示的是海洋王的一段上涨走势，从 K 线图中可以看到，在 2021 年 2 月之前，股价其实还处于下跌之中，K 线基本都在布林中轨线以下运行。直到 2 月上旬触底回升后，股价才成功冲破布林中轨线的限制来到了布林上通道之内，此时买点就形成了。

在后续两个多月的时间内，K 线基本上都维持在布林上通道之内运行，期间几乎没有向下接触过布林中轨线，偶尔还会向上小幅突破布林上轨线，说明市场追涨情绪积极，中线投资者完全可以趁机加仓，增加获利筹码。

进入 5 月后，股价的上涨受到了一定阻碍，K 线在 11.00 元价位线上方反复震荡数日后拐头下跌，落到了布林中轨线以下。但多观察几个交易日就会发现，K 线只是依附在布林中轨线以下，并没有持续下跌的迹象，中线投资者可以不必急于卖出。

6 月初，K 线收出长阳线突破到了布林中轨线以上，回归布林上通道内，意味着涨势将延续，上一次的下跌只是短暂回调而已，有条件的中线投资者甚至还可以在低位加仓。

图 3-21 为海洋王 2021 年 6 月至 11 月的 K 线图。

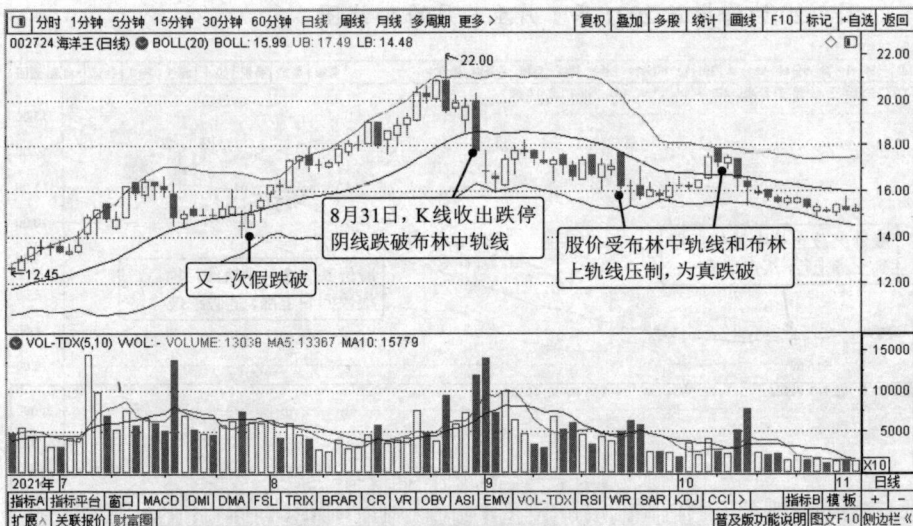

图 3-21　海洋王 2021 年 6 月至 11 月的 K 线图

从后续的走势可以看到，海洋王在 2021 年 7 月中旬已经上涨到了 16.00 元价位线附近，在此受阻后形成了又一次回调。

此次回调与前期稍有不同，K 线在接触到布林中轨线后就沿着其上行轨迹缓慢上移，虽然后续还是将其跌破了，但次日就形成了回升。显然，这又是一次假跌破，中线投资者可以不必理会。

在 K 线回到布林上通道内后，就开始了持续的上涨。待到 8 月底，股价已经创出了 22.00 元的阶段新高，中短期涨幅非常可观。但就在股价创新高的当天，K 线收出了一根冲高回落的阴线，意味着股价可能又要形成回调了，中线投资者应注意观察。

在数个交易日的下跌后，股价于 8 月 30 日向下接触到了布林中轨线，当日的最低价为 18.60 元，这个价格也是布林中轨线当前所处的位置。8 月 31 日开盘后，股价持续下跌，并有彻底跌破该支撑线的迹象，这一信号在分时图中看得更清晰。

图 3-22 为海洋王 2021 年 8 月 31 日的分时图。

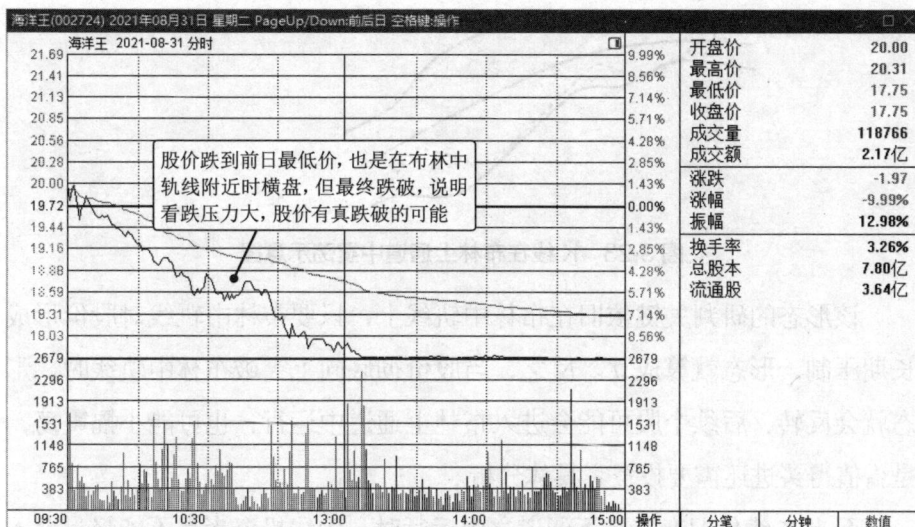

图 3-22　海洋王 2021 年 8 月 31 日的分时图

从当日的分时走势可以看到，该股在 8 月 31 日开盘后就形成了快速的下跌，整体几乎是呈稳定的斜线下行。

当其跌到了前日最低价附近，也即布林中轨线附近时，价格开始横盘震荡，说明多空双方正在关键支撑价格上相互博弈。但显然，看跌情绪还是占据了上风，股价后续以更快的跌速落到了跌停板上，反复震荡开板交易了近两个小时，最终还是封板收盘。

回到 K 线图中可以看到，这一天海洋王收出的阴线已经明显跌破了布林中轨线。并且在后续的几个交易日内 K 线始终未能回到布林中轨线以上，结合股价在分时走势中的弱势表现，投资者基本可以判断出真跌破可能已经出现，谨慎一些的中线投资者就要加快卖出步伐了。

3.2.6　K 线在布林下通道中震荡

布林中轨线与布林下轨线之间的通道就是布林下通道，要使 K 线在布林下通道中震荡，市场趋势大概率处于持续下跌的状态，如图 3-23 所示。

—— 布林指标线

······ K线

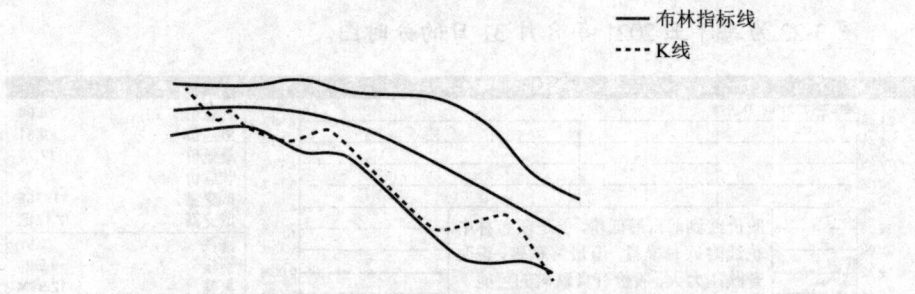

图 3-23　K 线在布林上通道中震荡示意图

该形态的研判关键依旧在布林中轨线上，只要布林中轨线对股价形成长期压制，形态就算成立。反之，当股价彻底向上突破布林中轨线时，形态就会反转，后续个股可能会进入布林上通道中运行，也可能小幅震荡，是否值得买进还需要投资者具体分析。

而当 K 线依旧在布林下通道之内运行时，中线投资者是不能轻易介入的，原因也在前面提到过，中线投资者不适合在下跌行情中抢微弱反弹。不过，如果场内有被套的投资者，在遇到这种走势时就要立即卖出了，毕竟有效地止损才能更好地盈利。

注意，K 线在布林下通道中震荡的过程中也可能存在假突破，不过这种假突破只对场内被套投资者有一些作用，对于场外中线投资者来说影响不大。只要股价没有明显转为上涨趋势，中线投资者仍要谨慎观察，不可盲目跟风买进。

下面通过一个案例来进行解析。

实例分析
雄韬股份（002733）K 线在布林下通道中震荡解析

图 3-24 为雄韬股份 2021 年 11 月至 2022 年 4 月的 K 线图。

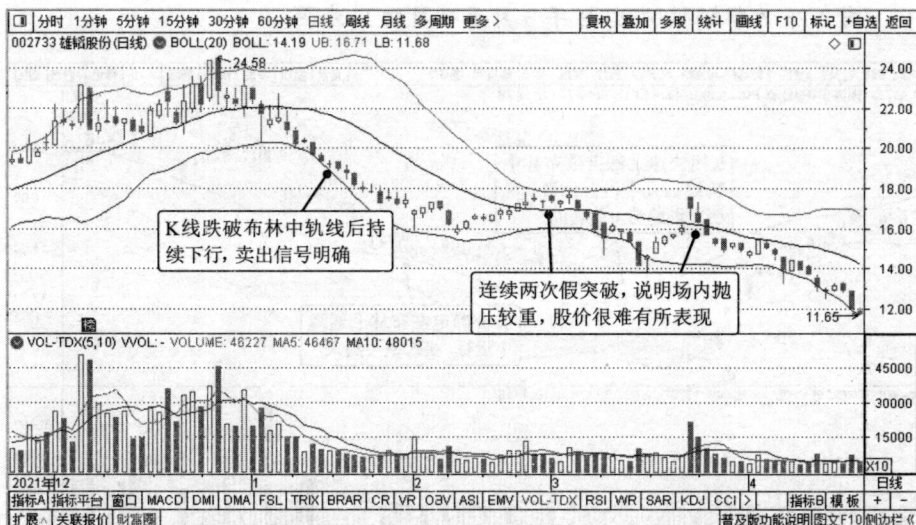

図 3-24 雄韬股份 2021 年 11 月至 2022 年 4 月的 K 线图

从图 3-24 中可以看到，雄韬股份在 2021 年 12 月还处于上涨状态，在 12 月底小幅越过 24.00 元价位线后该股开始拐头下跌，并于 2022 年 1 月初彻底跌破布林中轨线，来到了布林下通道内。

此次下跌一直持续到了 2 月初，股价才在 16.00 元价位线的支撑下形成横盘震荡。但布林中轨线依旧处于下行状态，二者缓慢靠近后 K 线收阳，于 2 月底突破了布林中轨线。

不过从该股后续的表现来看，K 线几乎一直被压制在布林上轨线与布林中轨线之间横盘，没有继续上涨的痕迹，说明很可能是一次假突破。事实也确实如此，数日后，K 线就收阴跌回了布林下通道之内。此时场内若有判断失误而买进的投资者，要注意止损出局。

到了 3 月中旬，该股在 14.00 元价位线的支撑下再次反弹。此次反弹的速度比较快，但时间却不长，K 线在小幅突破布林中轨线后很快又拐头回到了其下方，都没有向上接触到布林上轨线，显然也是一次假突破。

连续两次假突破证明了下跌动能的强劲，同时也是连续两次的看跌警告，中线投资者切不可轻易介入。

图 3-25 为雄韬股份 2022 年 3 月至 7 月的 K 线图。

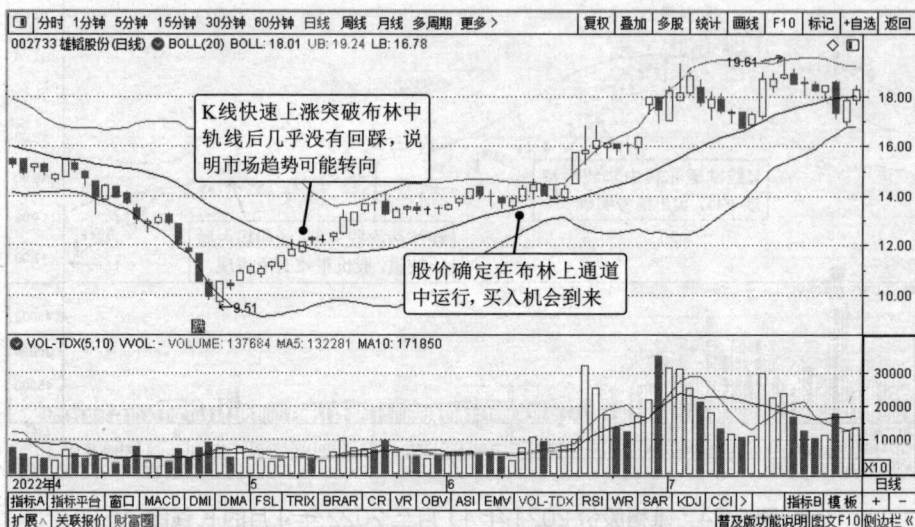

图 3-25　雄韬股份 2022 年 3 月至 7 月的 K 线图

继续来看后面的走势。雄韬股份在 2022 年 4 月底已跌到了 10.00 元价位线附近，在此得到支撑后连续收阳上涨。从图 3-25 中可以看到，此次股价的涨速较快，而且稳定性很好，有真突破的可能，中线投资者可以给予一些关注。

5 月上旬，K 线成功收阳突破了布林中轨线，并且在后续几乎没有形成明显的回踩，而是继续向上靠近布林上轨线。这种走势往往意味着股价即将反转进入上涨趋势，或是开启强势反弹，对于中线投资者来说是比较好的介入机会，激进的投资者已经可以开始建仓了。

6 月中旬，股价成功向上突破了 14.00 元价位线的压制，在布林中轨线的支撑下运行到更高的位置。K 线彻底在布林上通道中稳定下来，此时，谨慎的投资者也可以买进了。

3.3　通过布林通道的张缩判断趋势变化

布林通道的扩张和收缩是基于该指标的特殊计算原理形成的，通过前面那么多案例的学习，细致的投资者可能已经发现每当股价在某段时间内发生剧烈变化时，布林通道都会向两边扩张，不像均线那样跟随股价同向转折。

这种扩张是为了适应股价的大幅变动，同理，布林通道的收缩也是为了适应 K 线震荡幅度的缩小。因此，中线投资者可以利用布林通道的张缩寻找变盘点和买卖点。

3.3.1 布林通道开口后股价转向

布林通道形成张口是因为股价在短时间内发生了急剧的涨跌变化，指标线为了将剧烈变动后的 K 线纳入通道范围内，就需要进行扩张。股价涨跌速度越快，幅度越大，布林通道的扩张越明显，这种扩张就被称为开口，如图 3-26 所示。

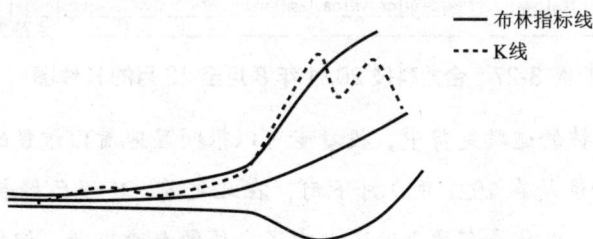

图 3-26　布林通道向上开口示意图

布林通道有向上开口和向下开口两种方向，分别对应着股价的上涨和下跌。一般来说，通过布林中轨线与 K 线之间的位置关系，投资者是能够在布林通道开口之前预判到开口方向的，因此，也有机会在通道开口之前就提前低吸买进或高抛卖出。

在持续的上涨或下跌趋势之中，这种开口可能会连续出现，进而传递出股价涨势稳定或跌势稳定的信号。这时中线投资者就要根据具体情况来进行决策。

下面通过一个案例来进行解析。

实例分析

合力科技（603917）布林通道开口后股价向上转向解析

图 3-27 为合力科技 2021 年 8 月至 12 月的 K 线图。

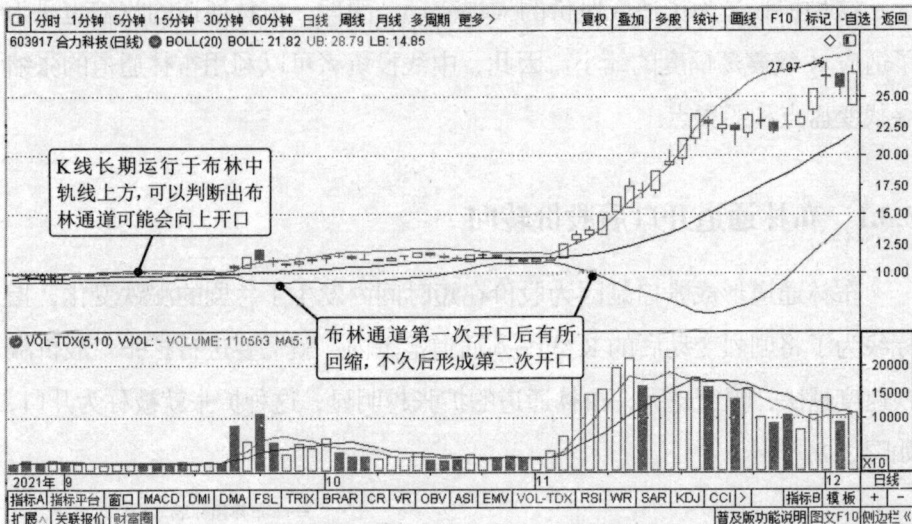

图 3-27　合力科技 2021 年 8 月至 12 月的 K 线图

在合力科技的这段走势中，投资者可以很明显地看出该股的两次上涨加速。第一次加速是在 2021 年 9 月下旬，在此之前，K 线已经长期运行于布林中轨线之上，也就是布林上通道之中了，尽管涨速较慢，但投资者依旧可以判断出布林通道可能的开口方向。

9 月下旬，股价迅速上涨突破到了布林上轨线以外，形成短暂的飞跃布林线的同时，也使得整个布林通道向上开口，发出积极信号。

由于此次股价上涨时间较短，后续涨势也不算强势，因此，布林通道很快又在 10 月底收敛起来，准备着下一次开口。此时的 K 线位于布林中轨线之下，但市场趋势整体向好，不过投资者在无法准确分辨后市变盘方向时，还是不要轻易操作，应以观望为佳。

11 月初，成交量开始大幅放量支撑 K 线连续收阳上涨，涨速相较于前期大大加快，导致布林通道迅速向上开出大口，预示着拉升的来临。此时，无论中线投资者是否在第一次布林通道开口时入场，都可以追涨买进，抓住后续的积极涨势。

3.3.2　布林通道收口

布林通道的收口在上一节的案例中已经有所涉及了，就是股价在震荡之后进入横盘阶段，使得布林通道收敛到 K 线附近，形成的类似喇叭收口的形态，如图 3-28 所示。

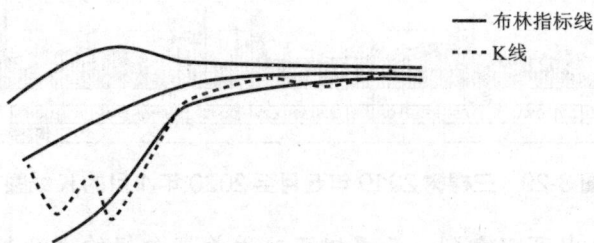

图 3-28　布林通道向上收口示意图

与开口形态一样，布林通道的收口也分上下两个方向。当布林通道向上收口时，就说明股价上涨趋势暂缓形成横盘滞涨；当布林通道向下收口时，就意味着股价跌到某支撑线上横盘整理。

由此可见，不同的收口方向对应着不同的买卖信号，投资者依旧需要根据实际情况进行分析。比如布林通道向上收口后，股价可能会继续上涨，也可能会反转下跌，投资者的应对策略也截然不同。

因此，当布林通道收口，并且没有产生明显的方向性变化时，投资者还是应以观望为佳，待到其有所变动时再进行决策。

下面通过一个案例来进行解析。

实例分析
三棵树（603737）布林通道收口解析

图 3-29 为三棵树 2019 年 5 月至 2020 年 1 月的 K 线图。

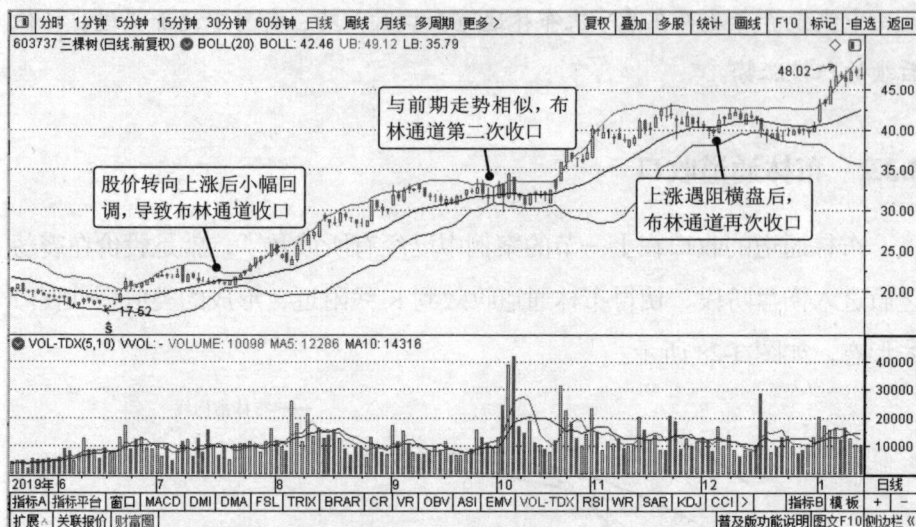

图 3-29 三棵树 2019 年 5 月至 2020 年 1 月的 K 线图

从图 3-29 中可以看到，三棵树正处于长期向好的上涨行情之中。在2019 年 6 月之前虽然有所下跌，但跌势不算迅猛，股价在 17.00 元价位线上方得到支撑后就再次上扬，回归到上涨之中。

继续上涨后的第一次拉升速度并不快，该股仅仅上涨到了 22.50 元价位线附近就受阻滞涨，但还是成功地带动了布林通道向上开口。不过当股价滞涨并形成小幅回调时，布林通道的上下轨线就有了向中间收敛的趋势，形成向上收口形态。

在上涨过程中形成的布林通道向上收口一般不会对中线投资者的持股造成太大影响。因为布林通道仅仅是收口而非转向，就已经证明了股价回调幅度不大，中线投资者完全可以不理会这等短期波动，有需要的还可以在回调低位适当加仓。

继续来看后面的走势。该股在回调到 20.00 元价位线附近后就止跌回升了，在两个月的时间内 K 线几乎都维持在布林上通道内运行，还形成了布林三线平行上扬的形态，看多信号非常积极，是场内外投资者的追涨机会。

进入 9 月后，该股在 32.50 元价位线附近受阻后小幅回落到 30.00 元价位线上，随后形成横盘。布林通道在 K 线震荡幅度变小的同时，也向着横盘区间收敛，形成第二个布林通道向上收口的形态。

很显然，此次的收口依旧是市场短暂整理，预备后市继续拉升的信号。如果中线投资者是在股价前一波的上涨过程中追涨入场的，自然可以不理会此次回调。但如果投资者在 6 月就已经买进了，持股到现在也有了近三个月的时间，那么此时就可以考虑卖出，将前期收益兑现后再继续参与。

10 月中旬之后，该股横盘结束迅速向上拉升，涨速比起前期快不少，布林通道也跟随向上扩张，发出明确的入场信号。

不过此次股价拉升的时间并不长，11 月中旬，该股就在 42.50 元价位线上再度横盘整理。布林通道与前期一样形成了第三次向上收口，那么中线投资者的策略也可以与前期一样，即持股时间较长的考虑卖出兑利，最近才追涨入场的则继续持有，等待下一波上涨。

3.3.3　布林通道横向紧口

布林通道的紧口是一种比较少见的形态，指布林通道在 K 线横盘震荡幅度越来越小的同时，上下轨线之间的空间越收越紧的走势，如图 3-30 所示。

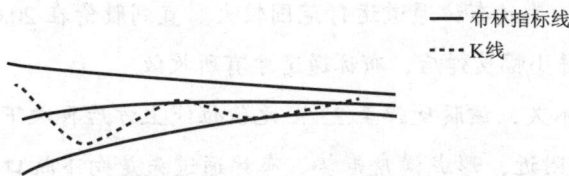

图 3-30　布林通道横向紧口示意图

布林通道的紧口一般只会在 K 线横盘的过程中发生，并且需要 K 线震荡幅度逐渐变小，这样才能使布林通道更紧地收拢。中线投资者的应对策略就是按兵不动，等待变盘的到来，轻易入场可能会判断失误被套。

下面通过一个案例来进行解析。

实例分析

亨迪药业（301211）布林通道收口解析

图 3-31 为亨迪药业 2022 年 3 月至 9 月的 K 线图。

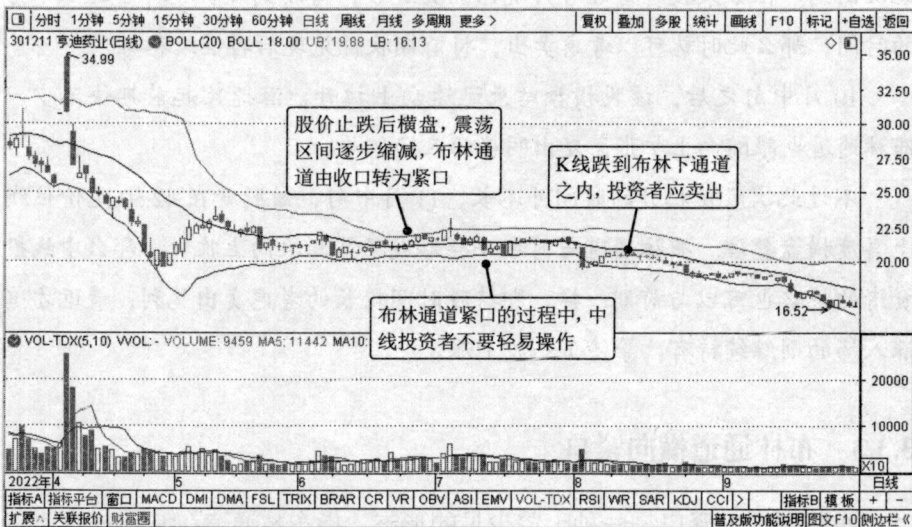

图 3-31　亨迪药业 2022 年 3 月至 9 月的 K 线图

从亨迪药业的这段走势可以看到，在 2022 年 4 月，该股经历了一次幅度较大的下跌，导致布林通道运行范围较大。直到股价在 20.00 元价位线上得到支撑止跌并小幅反弹后，布林通道才有所收敛。

进入 5 月不久，该股反弹至 22.50 元价位线上方后再次下跌，依旧落到 20.00 元价位线附近，形成横盘走势。布林通道先是向下收口，然后在股价持续走平的过程中逐步收紧，形成紧口形态。

此时，场外投资者在难以分辨出后市走势的情况下最好按兵不动。场内投资者如果已经被套，还是应以卖出止损为佳；如果投资者是因为 5 月初的反弹误入场内，则可以再等待一段时间。

8 月初，该股以一根长实体阴线跌破了布林中轨线，并且在后续持续运行于布林下通道之内，导致布林中轨线向下转向，布林通道也开始向下扩张，说明下跌趋势即将延续。此时该卖出的投资者要卖出，观望的投资者依旧不能参与。

第 4 章

MA指标寻找中线操作点

MA指标就是人们常说的均线指标。作为最常用的趋势性指标之一，均线指标的用法在前面几章中已经有所涉及，但更详细的应用还需要中线投资者深入挖掘和钻研，并加大指标利用效率，从而扩大中线投资收益。

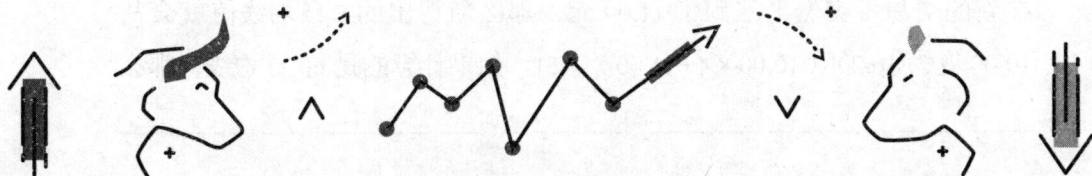

4.1 MA 指标详解与初步应用

MA 指标的中文名称为移动平均线，它是许多指标设计的基础，也是最为简单易懂、实用高效的指标之一，深受各种类型的投资者喜爱。不过在学习均线的具体用法之前，投资者还是先要深入学习其原理和内涵，以便在后续更好地理解均线的运行轨迹。

4.1.1 MA 指标的原理与设置

MA 指标简单来说就是用统计分析的方法（一般是算术平均）将一定时期内的个股成交价格（收盘价）加以平均，并把不同时间的平均值连接起来形成的 MA 曲线。

由此可见，均线的计算方式还是非常简单的。随着个股的不断运行，均线指标值会不断根据新数据的高低情况而产生变动，进而形成贴合股价运行趋势的曲线。

根据计算基期的不同，可将均线大致分为短期均线、中期均线和长期均线，比如 5 日均线、60 日均线和 120 日均线。但需要注意的是，均线的时间周期长短都是相对的，股市中并没有确切的规定，比如 60 日均线相对于 5 日均线来说是长期均线，但相对于 120 日均线来说就属于短期均线了。

计算基期的不同不仅决定了均线的类别，也决定了其与 K 线之间的贴合程度及自身的稳定性和滞后性。

根据均线的计算原理，时间周期越短的均线，与 K 线的贴合度就越高，但稳定性和滞后性也越弱，这是因为均线的计算基期越短，平均值受到新数据的影响就越大。反之，时间周期越长的均线，与 K 线的贴合度越低，也就是敏感度越低，稳定性和滞后性越强。

举个简单的例子，某只股票前面数个交易日的成交价都是 10.00 元，在新的交易日突然上涨到了 11.00 元，那么新得出的 5 日均线值就会从 10.00 变为 10.20[（10.00×4+11.00）÷5]。如果计算的是 60 日均线，那么新得出的 60 日均线值就会从 10.00 变为 10.02[（10.00×59+11.00）÷60]。由此可见，二者的差距还是比较大的。

不同时间周期均线的敏感度、稳定性及滞后性的不同，在 K 线图中能够更加直观地看到，如图 4-1 所示。

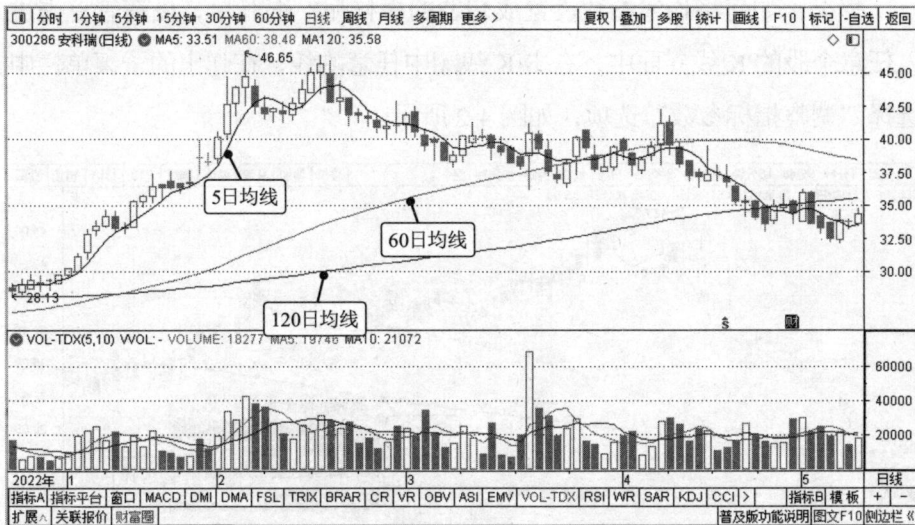

图 4-1 K 线图中不同时间周期的均线

从图 4-1 中可以看到，5 日均线明显与 K 线贴合紧密，几乎是在股价发生转向后就立即跟随产生了变动，敏感度较好，但也因此稳定性较差。60 日均线则次之，需要股价下跌很长一段时间，跌幅达到一定程度后才发生转向，稳定性良好，但滞后程度也较高。120 日均线更是几乎没有受到股价大幅下跌的影响，继续保持着上扬走势，稳定性极强，但也因此失去了一定的指导意义。

正是由于单条均线在使用时会存在无法兼顾的问题，因此，大部分投资者在使用均线指标时都会采用搭建均线组合的方式进行。简单来说，就是选几条周期不同的均线来组合使用，取长补短，达到多方兼顾、优势互补的目的。

不同持股周期的投资者选取的均线组合会有所差别，但不会过于极端，最常用的均线组合就是 5 日均线、10 日均线、30 日均线和 60 日均线，这也是本书前面章节中经常使用的一种。该组合的均线周期分布均衡，搭配巧妙，对于大部分类别的投资者来说都有很好的辅助作用，中线投资者自然也不例外。

那么，如何将均线参数设置成想要的模样呢？很简单，投资者首先进入任意个股的 K 线界面中，右击 K 线图中任意均线，在弹出的子菜单栏中选择"调整指标参数"选项，如图 4-2 所示。

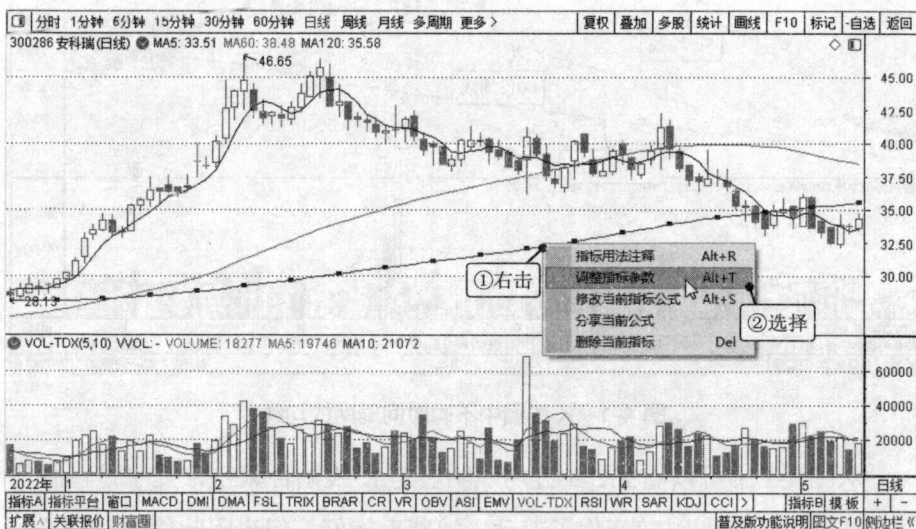

图 4-2　调整均线指标参数

随后，在弹出的对话框中相应的位置输入参数即可，需要多少条均线就输入多少个参数，最后单击"关闭"按钮即可，如图 4-3 所示。

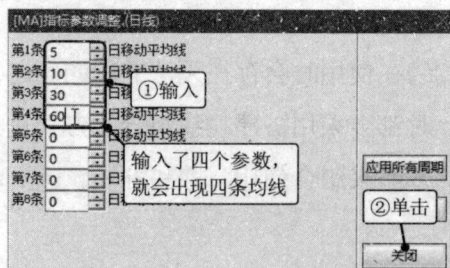

图 4-3　输入对应均线参数

在设置好均线参数后,投资者就可以回到 K 线图中使用新的均线组合。下面来介绍均线组合的特性和一些基本用法。

4.1.2 均线的服从与扭转

均线的服从与扭转是均线组合因时间周期的不同而形成的特有形态,其中,服从指的是短期均线服从中长期均线的走势,具体如图 4-4 所示。

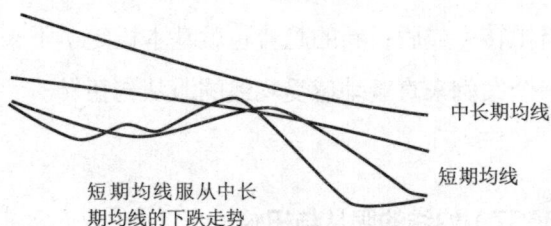

中长期均线

短期均线

短期均线服从中长
期均线的下跌走势

图 4-4 均线的服从示意图

在实战中,短期均线对中长期均线的服从比比皆是,图 4-4 中展示的是下跌趋势中短期均线对长期下行的中长期均线的服从,除此之外,上涨行情中短期均线也会对长期上扬的中长期均线形成服从。

其形成原因也很好理解,当股价在短时间内出现明显的涨跌变化,短期均线必然会受大幅变动的新数据影响,进而转变原有的涨跌走势。但这些新数据的形成又不足以明显改变中长期均线的走势,就会导致短期均线与中长期均线的运行方向出现短暂的背离。

当 K 线与短期均线靠近中长期均线后,市场预期会出现一定的变动。若大部分投资者依旧支持原有运行趋势,那么 K 线大概率会回归原有趋势,导致短期均线跟随变动,对中长期均线形成服从。

但如果市场开始向着另一个运行方向发起冲击,K 线就有机会击穿中长期均线,带动短期均线穿越中长期均线后向着与原有趋势相反的方向而行。中长期均线最后也会随着股价的坚定转向而跟随转折,这就是均线的扭转,如图 4-5 所示。

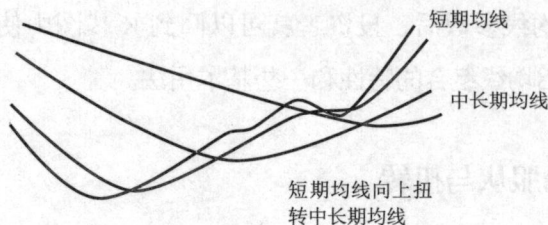

图 4-5　均线的扭转示意图

均线的扭转一般是从 K 线开始，由 K 线扭转短期均线，短期均线再扭转长期均线。当扭转完成后，新的趋势也就基本稳定了下来。

下面通过一个案例来直观地感受均线的服从与扭转。

实例分析

亿晶光电（600537）均线的服从与扭转

图 4-6 为亿晶光电 2022 年 1 月至 6 月的 K 线图。

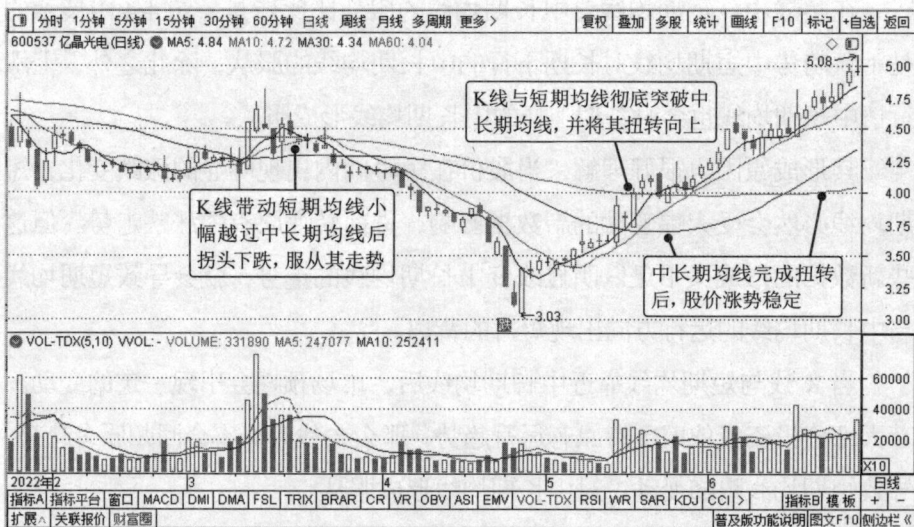

图 4-6　亿晶光电 2022 年 1 月至 6 月的 K 线图

从亿晶光电的这段走势中可以看到，该股在 4 月底完成了涨跌趋势的转换，在转换之前，短期均线长期保持着对中长期均线的服从，这一点在 3 月的反弹过程中表现得尤为明显。

其实早在 2 月初，股价就已经形成过一次幅度较小的反弹，带动短期均线小幅向上行进了数日。但由于股价很快在 30 日均线上受阻回落，持续时间太短，短期均线还未靠近中长期均线就再次回归下跌了，这就是一次服从。

在 3 月初，该股又形成了一波幅度更大的反弹，使得短期均线跟随 K 线小幅穿越了中长期均线。但可惜的是，该股此次未能彻底突破其压制，最终回归下跌了。短期均线自然也是跟随回到中长期均线下方，再次形成了一次更为明显的服从。

这种弱势走势在 4 月底得到了改变，股价在创出 3.03 元的新低后拐头向上，迅速带动短期均线形成扭转并靠近中长期均线。当 K 线与中长期均线产生接触后并未出现颓势，而是反复收阳冲高，成功于 5 月中旬彻底将两条中长期均线突破。

在股价积极上涨的带动下，两条短期均线也很快突破到了中长期均线之上，并有带动中长期均线向上扭转的迹象。到了 5 月底，30 日均线已经完成了向上的扭转，60 日均线则是在 6 月之后才完成的扭转，此时股价的涨势就基本上稳定了下来。

4.1.3　均线的收敛与发散

均线的收敛与发散也是指标的一大特性，需要三条及以上的均线组合才能形成。其中，收敛是指均线组合在股价横盘的带动下聚集到一个相对狭窄的震荡区间内，形成黏合走势；发散则指当股价产生明显变盘走势时，均线因为时间周期的不同而向着股价变盘方向散开运行，如图 4-7 所示。

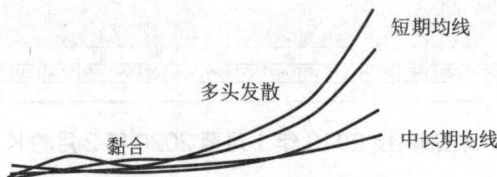

图 4-7　均线的发散示意图

从均线发散的示意图中可以看到，股价在向上变盘后会带动短期均线先行转向，中长期均线则稍慢，形成的向上发散就叫多头发散。如果股价是拐头下跌，那么均线组合就会向下形成空头发散。

由此可以推断得出，均线组合的收敛也有向上收敛和向下收敛之分。前者是股价由上涨转为走平或震荡后造成的，后者则是股价从下跌转为横盘或震荡形成的，二者传递出的信息截然不同。

注意，均线组合的收敛只是指多条均线互相靠拢的现象，收敛后均线组合不一定会形成黏合（图 4-7 中均线组合发散前的状态），也可能在短暂交叉后继续向着某一方向发散，具体问题还应具体分析。

下面通过一个案例来进行解析。

实例分析

汇顶科技（603160）均线的收敛与发散

图 4-8 为汇顶科技 2019 年 1 月至 2020 年 2 月的 K 线图。

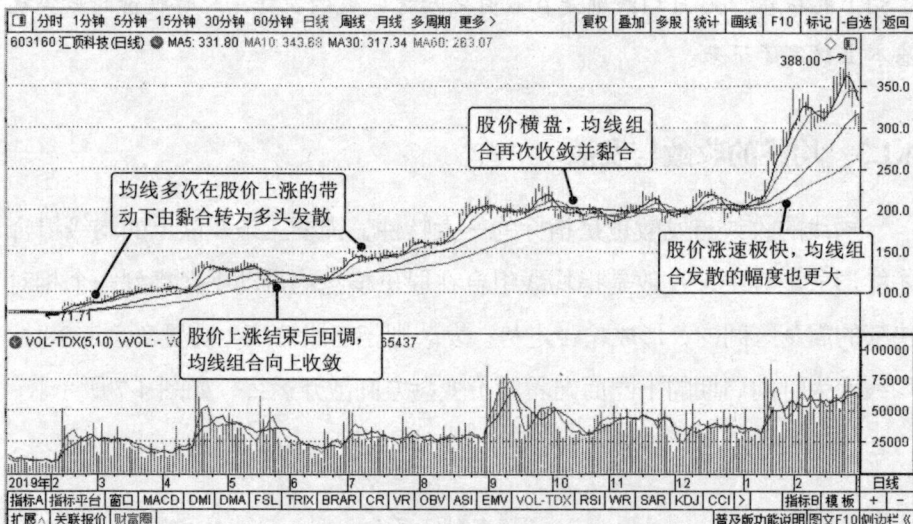

图 4-8　汇顶科技 2019 年 1 月至 2020 年 2 月的 K 线图

图 4-8 中展示的是汇顶科技的上涨行情，从 K 线图中可以看到，在 2019 年

2 月之前，该股还在相对低位横盘运行，导致均线组合黏合在一起。直到创出 71.71 元的阶段新低后股价才开始大幅向上攀升，带动均线组合形成了由黏合转为向上发散的形态，发出看多信号。

在后续数月的时间内，股价持续上涨，期间在 100.00 元价位线附近形成过一段时间的横盘，导致两条短期均线有所黏合，但中长期均线依旧上行，均线组合的收敛并不明显。

等到 5 月股价下跌回调时，四条均线很快互相靠拢形成了收敛，短暂交叉后在股价横盘的带动下黏合在一起，意味着市场进入整理阶段。

6 月底，股价整理完毕继续上涨，又一次带动均线组合向上多头发散，传递出积极的追涨信号。

在经历两个多月的迅猛上涨后，股价来到了 200.00 元价位线附近，并在此形成了长期横盘。均线组合开始聚拢，收敛完成后形成了黏合走平的趋势。这种形态对后市走向没有太大的预示作用，因此，市场中大部分人都会持观望态度，中线投资者也建议如此。

进入 2020 年 1 月后，K 线突然急速收阳上冲，短期涨幅极大，几乎是在数日后就带动均线组合形成了多头发散。并且由于此次上涨速度太快，均线组合的发散幅度相较于前期要大很多，那么它释放出的买入信号也会强烈许多，市场追涨势头猛烈，等待时机的中线投资者可以跟进了。

4.1.4　均线的主动修复与被动修复

均线的修复是 K 线与均线配合形成的一种特殊走势，其形成原因在于 K 线与均线之间的乖离值，当二者乖离值过大时，K 线就会朝着均线靠拢。至于为什么二者之间的乖离值会影响到 K 线的运行，就要从市场成本和市场现价的方面来解释了。

首先投资者要明白一点，每一条均线其实都代表着对应时期内入场投资者的平均持股成本，比如 5 日均线代表着在最近 5 个交易日内买进的投资者的平均成本。这点很好理解，个股的最新成交价格就是新入场的投资者的买进成本，随着时间的推移，股价不断产生变动，新入市投资者的成本也在不断变动，其平均值计算出来其实就是一条均线。

以上涨趋势中 K 线的修复为例，当股价在某段时间内向上偏离均线太多，入场成本就大大超出了平均值。在性价比偏低的情况下，场外投资者的追涨力度会大幅度降低。

同时，股票的现价大幅超越场内投资者的持股成本，盈利良好的情况下，大批投资者也会卖出筹码兑现。两相驱使下，股价涨势得不到支撑，就会出现下跌或横盘的走势，进而向下靠近均线，这也是股价在大幅上涨后会形成回调整理的原因。

如果股价是主动下跌靠近均线的，就被称为主动修复，如图 4-9（左）所示；如果股价在横盘后被动靠近依旧上行的均线，就被称为被动修复，如图 4-9（右）所示。

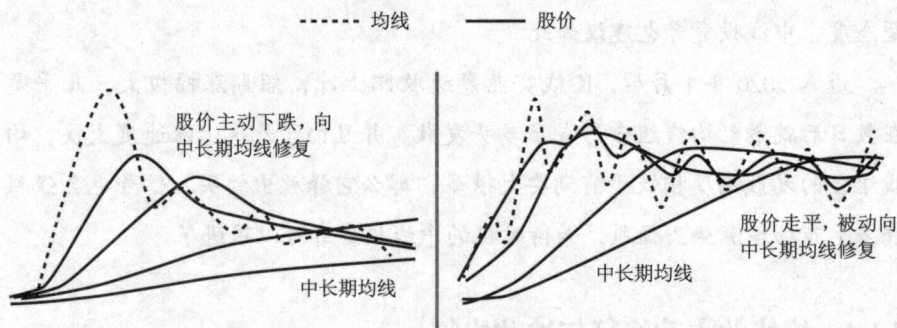

图 4-9　均线修复示意图

当然，在下跌行情中也存在均线的主动修复和被动修复，对应的就是股价主动上涨靠近均线，以及股价横盘后被动靠近依旧下行的均线。

注意，由于短期均线的变动速度过快，稳定性不佳，因此，很多均线修复都是以中长期均线为基准的。对于中线投资者来说，使用中长期均线观察均线的修复特性也更加合适。

下面通过一个案例来进行解析。

电魂网络（603258）均线的修复

图 4-10 为电魂网络 2020 年 7 月至 2021 年 1 月的 K 线图。

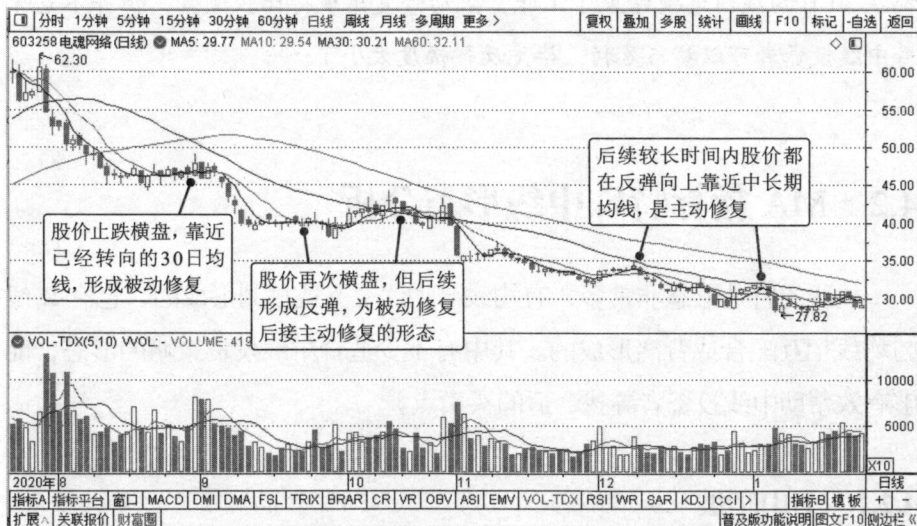

图 4-10　电魂网络 2020 年 7 月至 2021 年 1 月的 K 线图

从电魂网络的这段走势中可以看到，该股从 2020 年 8 月开始就转入了下跌，但也只是处于下跌初期，毕竟这时的中长期均线还在上行，说明股价跌幅还没有达到能够彻底扭转中长期均线的地步。

但无法扭转也只是暂时的，当股价跌至 50.00 元价位线以下时，30 日均线就已经完成了扭转，60 日均线也减缓了上扬角度。

8 月中旬，股价跌至 45.00 元价位线附近，与中长期均线之间的偏离稍大，于是形成横盘，被动横向靠近依旧下行的 30 日均线。二者于 9 月初接近到一定距离后，K 线大幅收阴下跌，被动修复结束，卖出信号明显。

就在此次下跌后不久，该股又在 40.00 元价位线上得到支撑后横盘。此时 60 日均线也完成了向下的转向，那么 K 线就是在向着两条中长期均线进行被动修复。

但在进入 10 月后，K 线却收阳形成了一次小幅度的反弹，使得被动修复转为主动修复，并且股价还小幅突破到了 30 日均线上方。不过 60 日均线上的压制力依旧强劲，K 线还未靠近该均线就拐头下跌，完成了此次特别的修复。

在后续的走势中，该股长期保持着下跌，期间形成了数次反弹，但基本都在 30 日均线附近便结束了上涨，主动修复出现得比较频繁，但并不意味着中线投资者可以参与盈利，毕竟反弹幅度太小了。

4.2 MA 指标特殊中线形态分析

均线的特殊形态非常多，有均线与均线交叉或排列形成的，也有 K 线与均线相互配合或背离形成的。其中有不少适合中线投资策略的形态，能够有效帮助中线投资者寻找合适的买卖点。

4.2.1 上山爬坡

上山爬坡是一种持续性形态，指的是 K 线和短期均线在长期上扬的中长期均线的支撑下逐步向上爬升的形态。因为中长期均线的上升趋势比较稳定，如同一个山坡，因此，形态被称为上山爬坡，如图 4-11 所示。

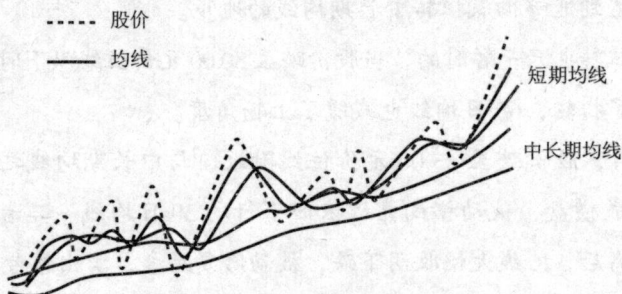

图 4-11　上山爬坡形态示意图

上山爬坡的构筑时间一般偏长，也很好辨认，只要中长期均线能够稳定上扬，上山爬坡的形态就可以算作成立。如果股价震荡的规律性较强，如同波浪一般起伏上移，那么上山爬坡就可以进阶成为逐浪上升，这是一种比上山爬坡更加强势的看多形态。

在上山爬坡过程中，中线投资者能够建仓和加仓的时机很多，基本上都是在 K 线回落至中长期均线附近的低点处。偶尔 K 线也会小幅跌破中长期均线，但只要在短时间内回到上方，上山爬坡的形态就能够延续。

当然，如果 K 线在跌破中长期均线后持续下行或回抽后突破失败，基本就是形态即将终结的信号。在这种时候，中线投资者就要注意及时卖出，保住前期收益了。

下面通过一个案例来进行解析。

实例分析
鲁阳节能（002088）上山爬坡形态实战

图 4-12 为鲁阳节能 2021 年 1 月至 9 月的 K 线图。

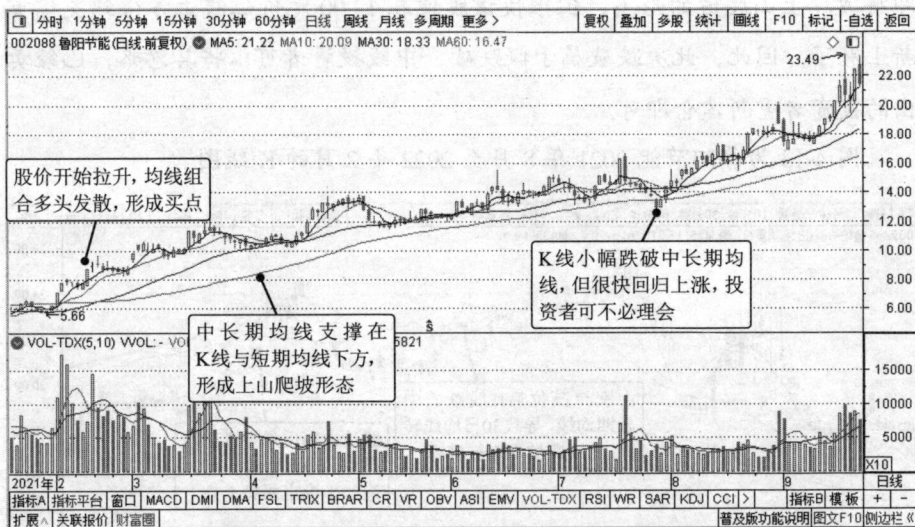

图 4-12　鲁阳节能 2021 年 1 月至 9 月的 K 线图

从图 4-12 中可以看到，鲁阳节能早在 2021 年 2 月初就由横盘整理转为向上拉升了，均线组合在其带动下由黏合转为多头发散，形成一个明确的中短期买点，大量投资者趁机建仓。

此次拉升过程中股价有过多次回调整理，但基本上都在 10 日均线上得到了支撑，持续时间也非常短，可见该股涨势何等迅猛。在此期间，两条中长期均线也承托在 K 线和短期均线之下形成了明显的上山爬坡形态，再加上股价涨势的积极，中线投资者可长期持有。

3 月下旬，该股的回调幅度稍大，但 30 日均线提供了充足的助推动能，股价很快又回归上涨了，上山爬坡形态得到延续，低点还可以作为加仓点。

在后续的走势中，该股长期保持着上涨趋势，30 日均线和 60 日均线几乎没有大幅改变过上扬倾角，说明股价涨势相当稳定。不过，也正是由于股价维持上涨的时间太长，中线投资者为适当降低持股风险，可以在持股一段时间后就择高卖出，兑现收益。具体的时间可以根据自身情况而定，三个月至四个月是比较合适的，也符合中线投资的策略。

7 月中旬，该股形成的一次大幅回调接连跌破了两条中长期均线，似乎即将破坏上山爬坡的形态，但很快该股便在 12.00 元价位线上方得到支撑重新上涨了。因此，此次跌破属于假跌破，中线投资者可以将其忽略，已经卖出的投资者重新建仓即可。

图 4-13 为鲁阳节能 2021 年 8 月至 2022 年 2 月的 K 线图。

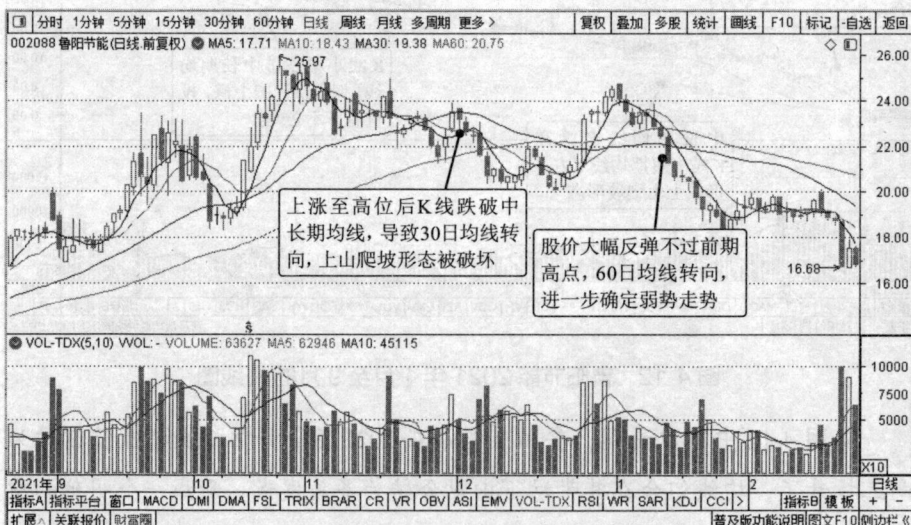

图 4-13 鲁阳节能 2021 年 8 月至 2022 年 2 月的 K 线图

继续来看后面的走势。到了 9 月底，该股已经上涨到了接近 24.00 元价位线的位置。在此滞涨后，股价回落到 30 日均线附近整理，于 10 月初再度向上发起冲击，直至创出 25.97 元的新高。

但该股在创新高后就形成了高位滞涨，随后回调下跌。此次下跌看似与前期没有不同，但多观察一段时间就会发现，K 线于 11 月底和 12 月初先后跌破了中长期均线，并且在跌破 60 日均线时成功带动 30 日均线向下完成了转向，这就已经破坏上山爬坡的形态了。

上山爬坡形态的终结加上 K 线跌破中长期均线后两次回抽不过的表现，中线投资者基本上可以判断出下跌趋势的到来，谨慎一些的投资者在 30 日均线转向的同时就应该迅速卖出了。

12 月底，该股在 20.00 元价位线附近得到支撑后形成了一次强势反弹，但高点没能越过前期就拐头下跌了。在股价下跌之后不久，60 日均线也向下转折，更加确定了下跌趋势，此时还未离场的投资者不能再停留了。

4.2.2　金蛤蟆与蛤蟆跳空

金蛤蟆与蛤蟆跳空都是构筑过程相对复杂的看涨形态，二者的基本形态相同，区别仅在 K 线突破关键压力线时能否形成一根跳空高开阳线，下面通过图 4-14 来详细了解。

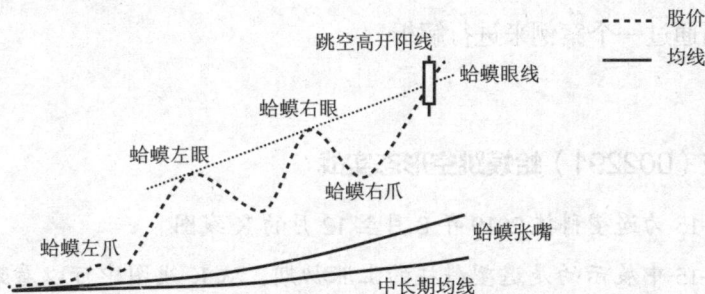

图 4-14　蛤蟆跳空形态示意图

从图 4-14 中可以看到，整个形态包含了蛤蟆左爪和右爪、蛤蟆左眼和右眼、蛤蟆眼线、蛤蟆张嘴及跳空高开阳线几个部分。

其中，蛤蟆左爪是 K 线刚完成一次初步拉升后小幅回调形成的，在拉升过程中，5 日均线和 10 日均线需要形成一个金叉。

蛤蟆左眼和右眼则是股价在上涨过程中形成的两次阶段高点，当右眼形成，股价跌到某一位置得到支撑回升时，低点就形成了蛤蟆右爪。连接蛤蟆的两只眼睛得出的直线就被称为蛤蟆眼线，它也是形态能否成立的关键。

蛤蟆右爪形成后股价会继续向上回升，如果能够成功突破蛤蟆眼线，同时下方的两条中长期均线能够向上发散形成蛤蟆张嘴，那么构筑出的形态就是金蛤蟆。如果 K 线能够在突破蛤蟆眼线的同时收出一根向上跳空的阳线，那么构筑出的就是蛤蟆跳空形态。

需要注意的是，下面负责形成蛤蟆张嘴的两条中长期均线并非 30 日均线和 60 日均线，而是 60 日均线和 120 日均线。这就需要投资者将原有均线组合中的 30 日均线替换为 120 日均线。

在大致了解金蛤蟆和蛤蟆跳空的形态后，相信投资者也在其中找到了不少买进点和加仓点。在形态还未构筑完成时，激进型投资者就可以在前期的数个低点处试探性地建仓入场了；而谨慎型投资者最好还是选择在 K 线突破蛤蟆眼线的位置买进，这样虽然会损失一部分收益，但风险更低。具体执行哪种策略，需要投资者自行决策。

下面通过一个案例来进行解析。

实例分析

遥望科技（002291）蛤蟆跳空形态实战

图 4-15 为遥望科技 2019 年 8 月至 12 月的 K 线图。

图 4-15 中展示的是遥望科技的上涨初期，从 K 线图中可以看到，该股在 2019 年 9 月还在相对低位横盘震荡，均线组合也长期黏合在一起，后市走向不明，大部分投资者都持观望态度。

9 月底，该股在创出 4.85 元的新低后开始缓慢收阳上移，5 日均线与 10 日均线形成了一个黄金交叉。K 线移动到均线组合上方后，于 5.50 元价位线附近受阻小幅回落，形成一个阶段高点。

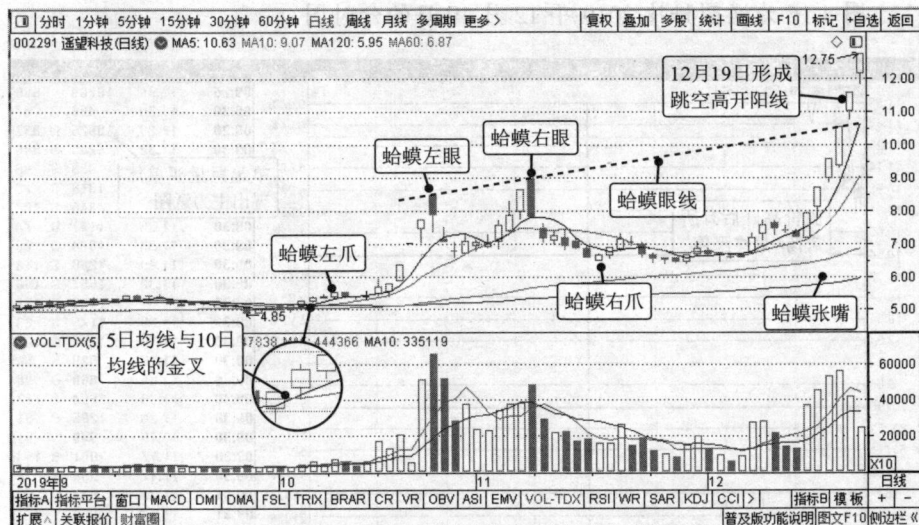

图 4-15　遥望科技 2019 年 8 月至 12 月的 K 线图

在后续的走势中，该股明显加快上涨速度，在连续涨停的拉升下迅速冲到了 8.50 元价位线附近，随后再次回调形成又一个阶段高点。11 月初，股价重整旗鼓继续上涨，此次则在 9.00 元价位线附近受阻下跌，高点稍微上移了一些。

11 月中旬，股价落到 6.50 元价位线附近得到支撑后小幅回升，但数个交易日后又拐头下跌了。此时投资者可以发现，K 线已经形成蛤蟆的左右两爪及左右两眼了，将蛤蟆两眼相连就能得出蛤蟆眼线，整个形态已经初具雏形。

至此，许多激进型投资者已经在前期合适的位置建仓买进了。谨慎型投资者在发现金蛤蟆或蛤蟆跳空的形态可能正在构筑时，可以再等待一段时间，在蛤蟆眼线被突破的位置建仓。

进入 12 月后，股价终于开始再度拉升，且拉升速度非常快，到 12 月中旬，K 线已经开始连续涨停了。12 月 18 日收出的大阳线最高价已经接触到了蛤蟆眼线，但还未彻底突破，等到了 12 月 19 日该股向上跳空高开并涨停收阳时，蛤蟆眼线才算彻底被突破。

图 4-16 为遥望科技 2019 年 12 月 19 日的分时图。

图 4-16　遥望科技 2019 年 12 月 19 日的分时图

从 12 月 19 日的分时走势可以看到，股价当日以高价开盘后小幅向下滑落了一段距离，但最终还是在巨幅量能的支撑下急速上冲，直至涨停。后续股价在小幅 V 字开板两次后封板，直到收盘都没有再打开，市场看涨情绪相当坚定。

在右侧的分笔交易数据中也可以看到，在开盘后的前几分钟内，场内挂出了大量的主力买卖单，尤其是在 9:30 的一单成交数高达 19 925 手，交易金额达到 22 495 325.00 元（19 925×100×11.29）的买单，更是体现出了主力推涨的决心。

从图 4-16 中可以看出，主力可能是想趁着股价高开的机会一举将价格推至涨停，但由于前期连续涨停导致场内堆积的卖盘太多，主力推涨的步伐受到了一定的阻碍，导致股价形成了几分钟的震荡。不过也有可能是维持连续涨停消耗了主力的太多资金，此时需要适当卖出筹码，用在后续的拉升中。

但无论主力抱有何种目的，当蛤蟆眼线被跳空高开阳线突破时，蛤蟆跳空的形态就已经得到了确认。再加上主力已经注入了巨量资金，后续的拉升幅度需要符合其投入才行，因此，谨慎型中线投资者可以在股价涨停之前或开板的间隙迅速建仓买进，抓住后续涨幅。

4.2.3　金银山谷

金银山谷其实是由两个同样的形态组合而成的，即短期均线上穿中期均线后带动其上穿长期均线，形成的一个尖角向上的不规则三角形，这个三角形就被称为山谷。

在金银山谷形态中，银山谷在前，金山谷在后，并且金山谷最好比银山谷高一些，横向距离也不能太远，买入信号才能更加可靠，如图 4-17 所示。

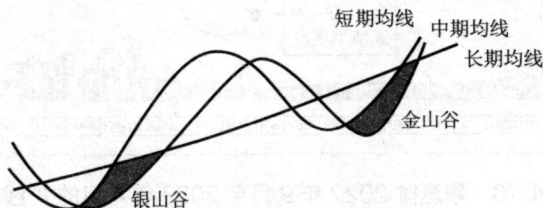

图 4-17　金银山谷形态示意图

从图 4-13 中可以看到，金银山谷只需要三条均线来构筑，中线投资者可以选用 5 日均线、10 日均线和 30 日均线，更加符合中线投资的周期。60 日均线则作为额外的辅助分析对象，用于判断趋势的转向。

金银山谷的形成位置大多在上涨行情的初期或是上涨过程中，形成原因也很简单，就是股价从低位回升后在某一位置受阻回落，跌到比前期低点更高的位置后再度上涨造成的，两个山谷分别对应着股价的两次上涨。

对于中线投资者来说，这两个山谷也分别对应了两种不同的买点。银山谷处买进稍显激进，投资者需要谨慎对待；金山谷处买进更加可靠，投资者若能确定后市的积极上涨趋势，还可以适当多投入一些资金。

下面通过一个案例来进行解析。

实例分析

景嘉微（300474）金银山谷形态实战

图 4-18 为景嘉微 2022 年 9 月至 2023 年 4 月的 K 线图。

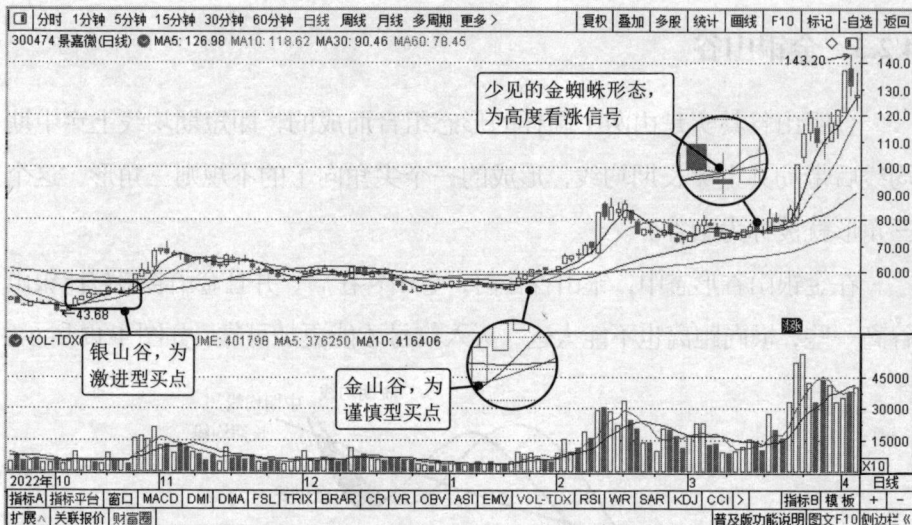

图 4-18　景嘉微 2022 年 9 月至 2023 年 4 月的 K 线图

在景嘉微的这段走势中，股价在 2022 年 10 月之前还处于弱势下跌状态，直到在 43.00 元价位线附近得到支撑止跌后，才有了回升的迹象。

该股在刚开始的回升过程中就已经具备了较快的涨速，两条短期均线立即跟随转向并且形成了一个黄金交叉。到了 10 月底，5 日均线和 10 日均线已经相继上穿 30 日均线，形成了一个山谷形态。

尽管此时的 60 日均线还处于走平之中，但无论是 K 线还是三条均线的表现都传递出了股价积极上涨的信号。不过，由于股价后续的上涨空间暂不明朗，谨慎型投资者还是以观望为主，激进型投资者可适当建仓。

从后续的走势可以看到，该股在上涨至 70.00 元价位线附近后就受阻回调了。此次股价回调的幅度不算大，但持续时间比较长，一直到 12 月下旬，该股才在 50.00 元价位线附近得到支撑并走平。此时的 30 日均线再次拐头下跌，5 日均线和 10 日均线也回到了其下方。

在股价回调期间，中线投资者无论是否已经建仓，都应以观望为佳。毕竟股价并没有彻底转入下跌的迹象，但何时回归上涨也无法确定，买卖都不太合适，只能继续观望。

该股一直在 50.00 元价位线上横盘到 2023 年 1 月中旬，才终于有收阳上涨的趋势。在其带动下，5 日均线和 10 日均线在形成交叉后先后上穿 30 日均线，形成了又一个山谷。

这是继 2020 年 10 月之后形成的第二个山谷，位置也更高，符合金银山谷的技术形态要求。那么此处形成的就是一个谨慎型买点，结合股价积极的涨势，谨慎的中线投资者已经可以买进了。

在后续的走势中，该股于 90.00 元价位线附近受阻回落后整理了一段时间，最终在 30 日均线的支撑下回归上涨。而就在股价回升的过程中，5 日均线、10 日均线和 30 日均线正好交叉于同一点，形成了一个非常标准的金蜘蛛形态。这是山谷形态的进阶版，当一个山谷浓缩为一个点，就会形成金蜘蛛，它相较于金银山谷来说更为少见，看涨信号也更为强烈。

因此，在金蜘蛛的看涨推动下，后市股价的上涨空间可能会比较大，有条件和意愿的投资者可以适当在此加仓。

4.2.4　下山滑坡

下山滑坡与上山爬坡相对应，指的是在下跌行情中，中长期均线长期下行并压制在 K 线与短期均线之上形成的滑坡式的下跌，如图 4-19 所示。

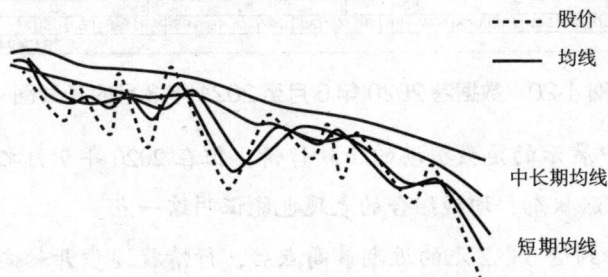

图 4-19　下山滑坡形态示意图

从图 4-19 中可以看出，下山滑坡是不折不扣的看跌形态，并且形态构筑期间中线投资者也不适合介入操作，除非 K 线彻底突破中长期均线的压制，进入上涨行情或是强势反弹，中线投资者才有买进的价值。

因此，下山滑坡一般是对被套中线投资者的警示，提醒投资者及时止损出局。如果有投资者判断失误，在不恰当的位置建仓入场了，也要在发现下山滑坡形态后及时卖出，避免损失进一步扩大。

下面通过一个案例来进行解析。

实例分析
数据港（603881）下山滑坡形态实战

图 4-20 为数据港 2020 年 6 月至 2021 年 3 月的 K 线图。

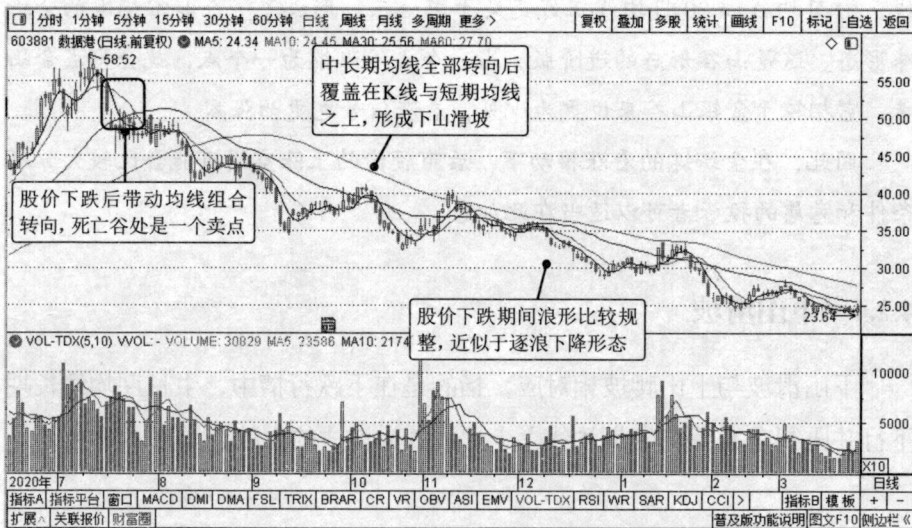

图 4-20　数据港 2020 年 6 月至 2021 年 3 月的 K 线图

图 4-20 中展示的是数据港的下跌行情，但在 2020 年 7 月之前，该股还处于积极的上涨状态，均线组合的表现也能证明这一点。

待到股价到达 58.52 元的近期最高点后，行情就逐步开始向下反转。两条短期均线在互相交叉后相继跌破 30 日均线，形成了一个尖角向下的不规则三角形,这就是与金银山谷相对应的死亡谷。

显而易见,在高位股价转势的过程中形成的死亡谷,传递出的是强烈的卖出信号。即便此时股价还未跌破 60 日均线,但谨慎型投资者已经可以卖出兑利了,至少先保住前期收益。

该股在 45.00 元价位线上方横盘到 8 月初后便破位下跌,先后跌破了支撑价位线和 60 日均线,并使得 30 日均线彻底向下转向覆盖在 K 线和短期均线上方,形成了初步的下山滑坡形态。

在 8 月底股价反弹突破 45.00 元价位线失败继续下跌后,60 日均线也完成了转向,下山滑坡形态彻底确定下来,中线投资者要及时止损了。

在后续的数月时间内,该股一直维持着被中长期均线压制下行的走势,期间形成了数次反弹,但基本都没能突破其限制。整体来看,股价下跌的浪形十分规整,形态其实更偏向于逐浪下降(即一种稳定性更强的看跌形态),释放的看跌信号更加可靠,同时也警告中线投资者不要轻易参与。

图 4-21 为数据港 2021 年 2 月至 7 月的 K 线图。

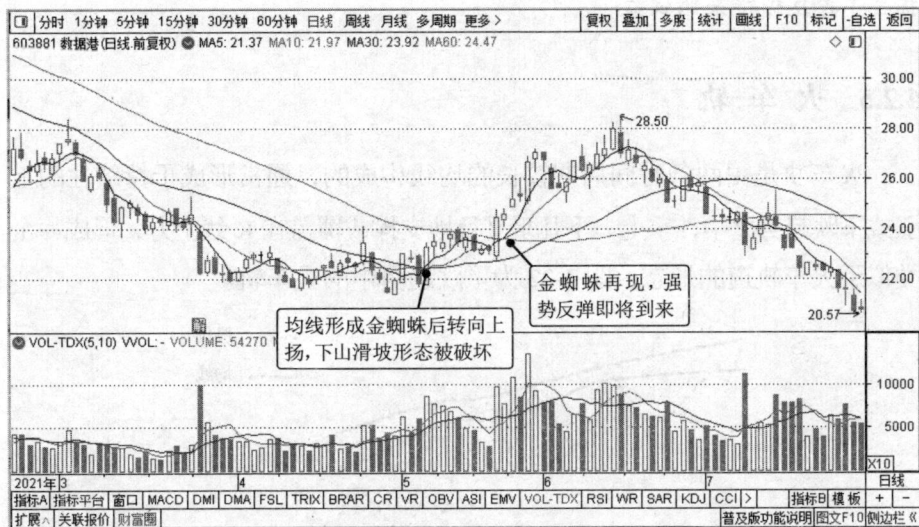

图 4-21　数据港 2021 年 2 月至 7 月的 K 线图

从图 4-21 中可以看到,在 2021 年 3 月,该股大部分时间都维持着稳定的下山滑坡形态。3 月底，股价在 22.00 元价位线上得到支撑后形成了横盘整理，K 线被动靠近中长期均线，形成了被动修复。

K 线与 30 日均线接触到后非但没有拐头下跌，反而有向上突破的迹象，导致 30 日均线走平并向上转向。就在其转向的过程中，5 日均线、10 日均线和 30 日均线拐头交叉于一点，形成了一个金蜘蛛形态。

通过上一个案例的学习投资者知道，金蜘蛛是一种看多形态。此处出现的金蜘蛛很可能意味着股价即将迎来强势反弹或趋势反转，一直在等待机会的中线投资者可以适当参与，但不可重仓买进，毕竟还没有确定该股是否已经脱离下跌轨道。

到了 5 月底，K 线收出一根大阳线成功向上突破了 60 日均线的压制，彻底破坏下山滑坡形态。与此同时，5 日均线、10 日均线和 60 日均线竟然又形成了一个金蜘蛛形态，这种少见的连续金蜘蛛形态无疑是股价涨势可观的信号。

不过下跌行情之中的强势反弹终究不容易维持，该股在上涨至 28.00 元价位线附近后就受阻回落了，不过中短期的涨幅还算不错。中线投资者在发现股价转向后就要立即卖出，避免 K 线与均线组合回归到下山滑坡形态中，损失了抢反弹得来的收益。

4.2.5 火 车 轨

火车轨是由两条时间周期较长的均线构成的，通常形成于持续性的上涨或下跌趋势之中，一上一下几乎平行地支撑或覆盖在 K 线上方，形成一个类似于火车轨道的形态，图 4-22 为下跌趋势中的火车轨。

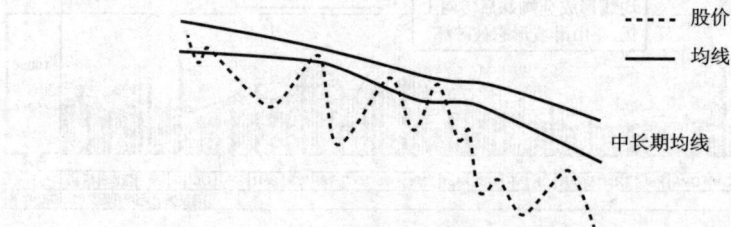

图 4-22　下跌趋势中的火车轨形态示意图

一般来说，火车轨是由 120 日均线和 250 日均线构成的，用于观察中长期趋势。但由于其时间周期过长不太适合中线投资者使用，因此，这里将其换作 60 日均线和 120 日均线，能更好地适应中线投资策略。

根据火车轨的运行方向，可将其分为顺向火车轨和反向火车轨，前者形成于上涨行情之中，承托在 K 线之下，是看涨形态；后者则形成于下跌趋势之中，对 K 线会形成压制，是看跌形态。

但因为火车轨形态的滞后性较强，要让两条均线都完成转向并保持平行，股价的涨跌幅度就会比较大了。投资者若要等到火车轨形成后再买进或卖出，收益会大幅度缩减，反向火车轨还可能导致严重损失。

因此，火车轨多数时候是用于观察中长期趋势的变动情况，而非直接用于买卖参考。当然，如果投资者能够借助其他指标结合分析，还是有机会在火车轨形态下实现盈利及止损的。

下面通过一个案例来进行解析。

实例分析

招商积余（001914）火车轨形态实战

图 4-23 为招商积余 2020 年 1 月至 10 月的 K 线图。

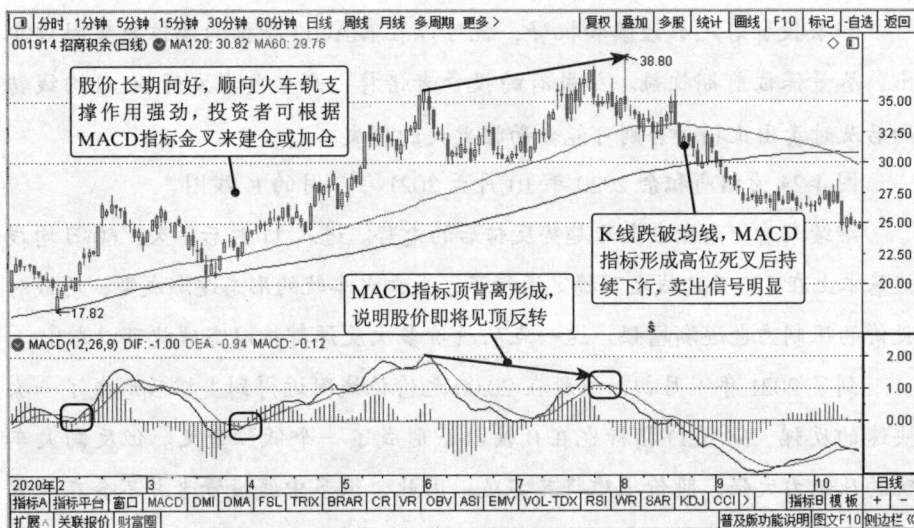

图 4-23　招商积余 2020 年 1 月至 10 月的 K 线图

从图 4-23 中可以看到，2020 年 2 月至 7 月，招商积余长期处于上涨之中，60 日均线和 120 日均线长期承托在 K 线之下形成顺向火车轨，说明股价涨势稳定。

在此期间，MACD 指标形成了多个高低位置不同的金叉，几乎每个金叉都对应着股价的一次回升。对于中线投资者来说，这些金叉就是上涨行情之中的建仓和加仓信号，再加上股价在两条长期均线上得到支撑的走势，投资者还是有很大机会盈利的。

但在股价上涨到 35.00 元价位线附近后，MACD 指标却表现出了异常。6 月初，股价高点处于 35.00 元价位线上，经过一次回调后，该股于 8 月初创出了 38.80 元的新高，高点明显上移。但观察 MACD 指标可以发现，当股价高点上移时，DIF 高点却在下降，二者形成了顶背离。

通过第 1 章的学习，投资者应该知道，MACD 指标的顶背离是一种反转形态，这意味着股价大概率即将在近期出现变盘。

事实也确实如此，该股在创出新高后就开始逐步下跌，先后于 8 月中旬和 9 月初跌破了 60 日均线和 120 日均线，并使得 60 日均线发生了转向。与此同时，MACD 指标也在形成一个高位死叉后持续下行，进入 0 轴之下。

如果投资者足够谨慎和机警，就可以在 MACD 指标的高位死叉附近卖出，尽量保住前期收益。如果有的投资者惜售，那也要在发现 60 日均线转向后及时卖出止损，否则可能会面临更大的损失。

图 4-24 为招商积余 2020 年 10 月至 2021 年 7 月的 K 线图。

继续来看招商积余上涨趋势反转后的走势。进入 11 月后不久，60 日均线就基本上在 120 日均线之下稳定运行了，反向火车轨的形态逐渐成型，均线对股价的压制力也逐渐增强，这一点从股价多次反弹都难以突破就可以看出。

到了 2021 年 1 月初，该股在 20.00 元价位线附近得到支撑后形成了一次快速的反弹，MACD 指标也在 0 轴以下形成了一个低位金叉。但反向火车轨的压制力太强，股价很难将其突破，因此，很多中线投资者并不会在此冒险建仓，这种走势也确实不适合中线投资盈利。

果然，该股在小幅突破 60 日均线后就拐头下跌了，反弹时间不到一个月，上涨幅度也不算大。若有误入场内的中线投资者，还是要注意及时卖出。

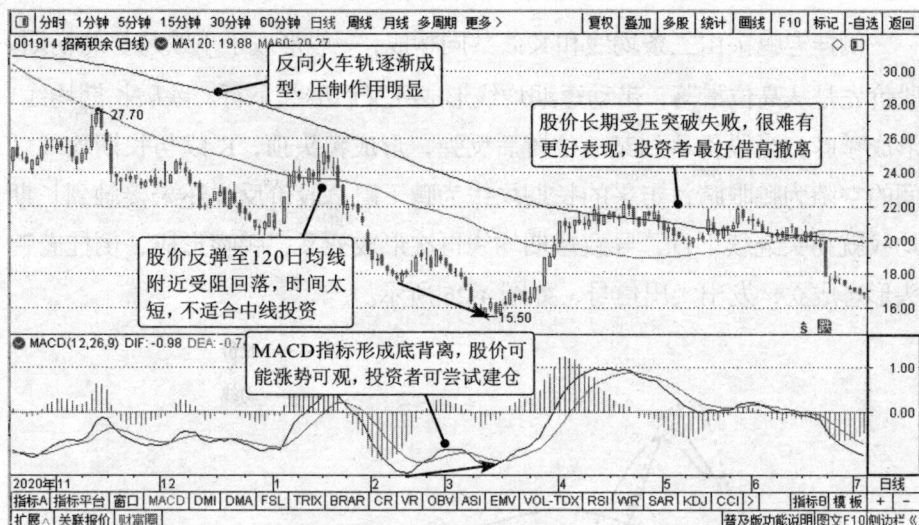

图 4-24 招商积余 2020 年 10 月至 2021 年 7 月的 K 线图

此次股价的下跌一直持续到了 2 月中旬，才在 18.00 元价位线附近得到支撑并小幅反弹，此时的 MACD 指标也已经回到了 0 轴以下。3 月初，股价继续下跌，低点落到 15.50 元价位线上，但 MACD 指标中的 DIF 低点却出现了上扬，与 K 线形成了底背离形态。

底背离的形成加上股价止跌后收阳回升的走势，向投资者传递出了股价可能即将强势反弹的信号，并且此次反弹大概率会比 1 月的反弹更具有参与价值。此时，等待机会的中线投资者就可以尝试着建仓入场了，但注意不可重仓。

在经历了近一个月的上涨后，该股终于来到了 120 日均线附近，并且没有在与其产生接触后就立即下跌，而是沿着均线运行方向形成横盘。

这种横盘可能是市场在酝酿下一波推涨，也可能单纯是突破困难，从接下来该股的表现来看，是后者的可能性较大。那么，中线投资者在观察一段时间后就要及时作出决策卖出了，毕竟后市继续下跌的概率要高于反转上涨。

4.2.6　倒挂老鸭头

倒挂老鸭头由三条均线和 K 线共同构成，一般形成于下跌趋势的初期。股价先是从高位滑落，带动短期均线形成死叉后继续下行，跌破长期均线，形成鸭脖；当股价落到某一位置后反弹，形成鸭头顶，K 线与长期均线之间的空隙为鸭眼睛，走平的长期均线为鸭下巴；股价反弹还未接触到长期均线就拐头继续下行，导致短期均线再次形成死叉，鸭嘴形成，倒挂老鸭头形态成立，发出卖出信号，如图 4-25 所示。

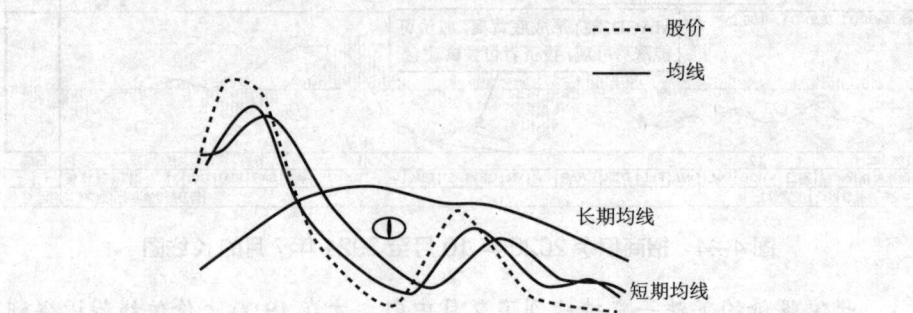

图 4-25　倒挂老鸭头形态示意图

形态解说起来复杂，但其实就是股价从高位滑落后反弹突破长期均线失败形成的，只是反弹的高点不能向上接触到长期均线，否则鸭嘴无法构筑。

一般来说，用于构筑倒挂老鸭头的长期均线选用的是 60 日均线，稳定性较好，滞后性也不算太强。如果投资者有需要，也可以替换为其他适合自己的均线，但注意不要太过极端。

倒挂老鸭头构筑期间的卖点很多，第一个死叉的位置、鸭脖、鸭嘴等位置都是比较明确的卖出机会。投资者若接连错过前面两个卖点，当股价反弹不过形成鸭嘴时，即便是惜售的投资者也要撤离了。

下面通过一个案例来进行解析。

实例分析

川恒股份（002895）倒挂老鸭头形态实战

图 4-26 为川恒股份 2021 年 9 月至 12 月的 K 线图。

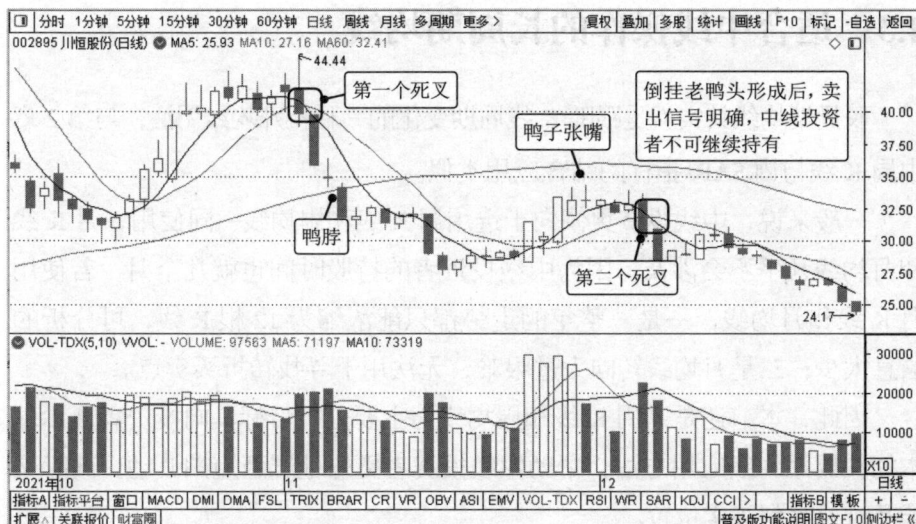

图 4-26 川恒股份 2021 年 9 月至 12 月的 K 线图

从川恒股份的这段走势中可以看到，该股在 2021 年 10 月之前就已经出现下跌了，只是在 10 月上旬形成了一次反弹后回到了相对高位，两条短期均线也回归上扬。

11 月初，该股在 40.00 元价位线上方滞涨到后期，创出 44.44 元的阶段新高后快速破位下跌，导致 5 日均线下穿 10 日均线形成死叉，释放出了强烈的卖出信号，谨慎的投资者此时就应当迅速出局。

数日后，K 线率先跌破 60 日均线，两条短期均线紧随其后于 11 月上旬全部完成了跌破，进一步加强了看跌信号，形成又一个卖点。

11 月中旬，该股跌至 27.50 元价位线附近得到支撑后形成反弹，刚开始的涨速还比较缓慢，但到 11 月底 K 线收出了几根长阳线，明显向上拉升了一段距离。不过 60 日均线的压制力还是十分强势的，该股在上涨到靠近该均线时就开始滞涨，到后期更是大幅收阴下跌，导致短期均线再度形成死叉下行。

至此，倒挂老鸭头的形态已经十分清晰了，鸭脖、鸭眼、鸭下巴、鸭嘴已经全部构筑完成，最后的鸭子张嘴也出现了，说明股价即将转入下跌趋势之中，此时还未离场的投资者要抓紧时间了。

4.3 适合中线操作的长周期均线

长周期均线其实就是跟随 K 线周期变化的一种特殊均线用法，与第 2 章中周 K 线与周 SAR 指标的结合应用类似。

一般来说，中线投资更倾向于选用周 K 线和周均线一同使用，月 K 线和月均线几乎不会涉及。因为中线投资者的持股时间也就几个月，若使用月 K 线和月均线，一是一整年的走势都只能浓缩为 12 根 K 线，可分析的信息太少；二是月均线转向太过艰难，无法用于寻找转折买卖点。

因此，本节还是以周 K 线和周均线为主要分析目标，向投资者展示基本的长周期均线应用方法，帮助中线投资者更好地屏蔽短期波动，同时又能及时寻找到买卖位置。

4.3.1 周均线对周 K 线的支撑与压制

通过前面的学习投资者应该清楚，均线对 K 线是有很强的支撑和压制作用的，周均线对周 K 线依旧能够发挥相同的作用，尤其是与中长期日均线对应的中长期周均线。

在上涨趋势中周均线对周 K 线的支撑作用是最为明显的，每当周 K 线回落到周均线附近得到支撑，重归上涨的位置就是中线投资者的介入点。相反的，当周 K 线在下跌趋势中受到周均线的明显压制而拐头下跌时，中线投资者也要及时撤离。

当然，投资者无法在周 K 线图中直接进行买卖，因此，需要在观察到周均线的支撑或压制作用显现时，进入日 K 线图中进一步分析近期的走势，以求寻找到更加细致的买卖点。

下面通过一个案例来进行解析。

实例分析

钧达股份（002865）周均线对周 K 线的支撑与压制

图 4-27 为钧达股份 2022 年 5 月至 2023 年 3 月的周 K 线图。

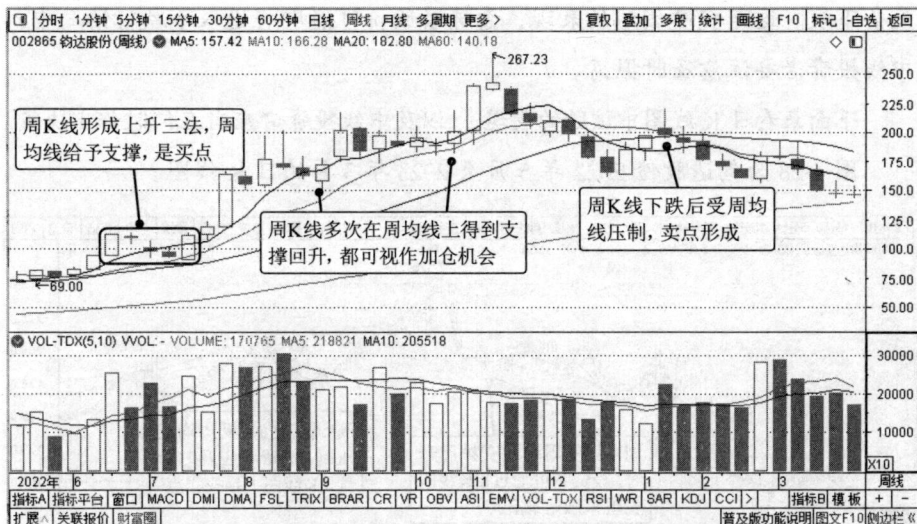

图 4-27　钧达股份 2022 年 5 月至 2023 年 3 月的周 K 线图

图 4-27 中展示的是钧达股份一段比较完整的涨跌周期，周均线在其中对周 K 线展现出了鲜明的支撑与压制，可供中线投资者分析。

2022 年 6 月中旬，该股小幅越过 100.00 元价位线后开始收阴回调，连续收出三根小实体周阴线。也正是由于周阴线实体较小，股价在三周之后也只是小幅跌破了 100.00 元价位线，短期跌幅不足以使中线投资者出局。

此外，周均线组合也表现出了很强的稳定性，5 周均线只是短暂走平，并未与 10 周均线产生接触，30 周均线和 60 周均线更是几乎毫无波澜。

在 K 线收阴的第四周，股价转而上涨，形成了一根长实体阳线，并且向前覆盖住了三根阴线的实体，形成了上升三法形态。这是一种比较少见的看多形态，传递出的是明确的买入信号，那么场内外中线投资者就可以利用好这一买入形态，及时介入或是加仓。

在后续的走势中，周 K 线多次在 5 周均线和 10 周均线上小幅震荡，但基本上都得到支撑继续上涨了，这些位置同样是很好的买点。

再来看行情转势后的走势。在 11 月中旬，该股就开始向下转向，第一波下跌落到了 150.00 元价位线上方，随后形成了一次反弹。而随着股价的下跌，已经走平的 30 周均线压制作用开始显现，该股在小幅越过该均线后就无奈下跌。这是突破困难的表现，意味着股价可能即将进入下跌行情之中，中线投资者要注意及时撤离。

下面来看日 K 线图中该股的表现，以及中线投资者应当在何时作出决策。

图 4-28 为钧达股份 2022 年 5 月至 2023 年 3 月的日 K 线图。

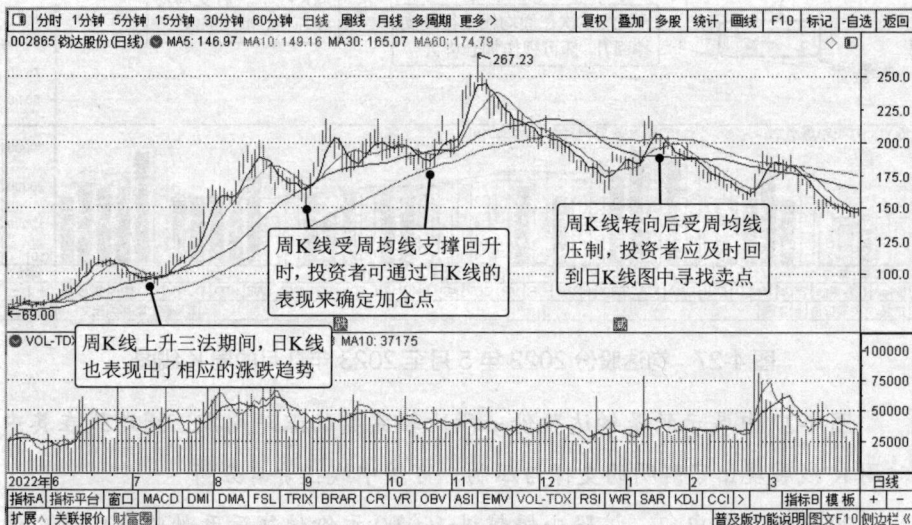

图 4-28　钧达股份 2022 年 5 月至 2023 年 3 月的日 K 线图

在钧达股份的日 K 线图中，股价的走势情况就要详尽很多。6 月至 7 月周 K 线形成上升三法时，日均线也跌落到 30 日均线上得到支撑后回升。当上升三法构筑完成时，日 K 线已经上涨到了前期高点附近，周 K 线图中的看多形态和日 K 线图中突破前高的走势都在向中线投资者发出买入信号。

在后续的走势中，该股反复在 30 日均线上震荡，与周 K 线图中的表现别无二致，但细节更多。操作好的投资者，就可以在这些震荡过程中多次加仓，甚至清仓后重新买进，降低风险。

待到行情转向后，日 K 线在反弹过程中向上穿越了两条中长期日均线。但由于周均线和日均线的压制作用都很强，股价跌势难以扭转，中线投资者在发现日 K 线跌破 60 日均线，周 K 线又在 30 周均线附近形成冲高回落走势时，就要迅速择高卖出。

4.3.2　周 K 线对周均线的穿越形态

周 K 线对周均线的穿越十分常见，普通的穿越形态也并不具备太高的参考价值，唯有一些特殊的穿越形态才能使中线投资者高度重视，并有效帮助投资者执行买卖决策。

其中比较具有代表性的穿越形态就是蛟龙出海和断头铡刀。蛟龙出海指的是由一根长实体阳线一次性向上突破整个均线组合，带动均线组合由黏合转为多头发散的形态，如图 4-29（左）所示；断头铡刀则正相反，是由一根长实体阴线一次性向下跌破整个均线组合，带动均线组合由黏合转为空头发散的形态，如图 4-29（右）所示。

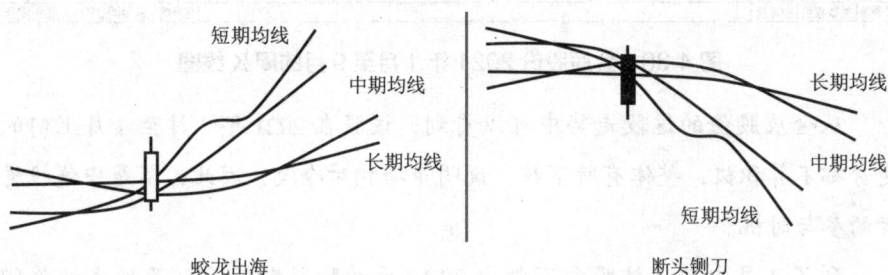

图 4-29　蛟龙出海（左）和断头铡刀（右）示意图

能够一次性穿越整个均线组合的 K 线，一般都是股价即将大幅拉升或下跌的标志。并且由于均线组合前期处于黏合状态，K 线前期也大概率是走平或小幅震荡的，那么此时形成的长实体 K 线大概率就能突破或跌破关键价位线，代表变盘即将来临。

因此，中线投资者在周 K 线图中发现这样的形态后，就要及时回到日 K 线图中仔细分析，寻找合适的买卖点。

下面通过一个案例来进行解析。

实例分析

金辰股份（603396）周 K 线对周均线的穿越形态

图 4-30 为金辰股份 2021 年 1 月至 9 月的周 K 线图。

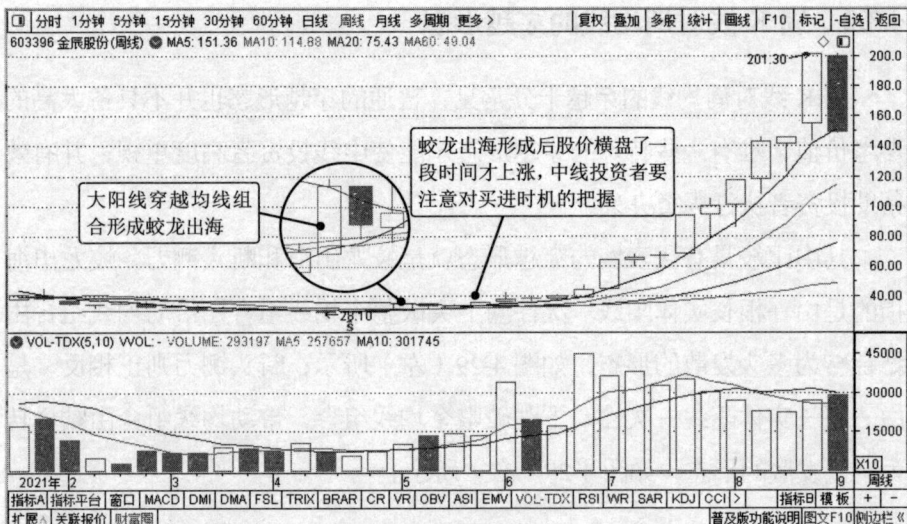

图 4-30　金辰股份 2021 年 1 月至 9 月的周 K 线图

从金辰股份的这段走势中可以看到，该股在 2021 年 2 月至 4 月上旬的走势都不算积极，整体有所下移，说明市场相对冷淡，因此，不是中线投资者的参与时机。

到了 4 月中旬，该股向下创出 28.10 元的阶段新低后，开始连续收阳上涨。在 5 月初，K 线收出一根长阳线，成功自下而上穿越了整个均线组合，构筑出了蛟龙出海形态。这就意味着股价可能要开始向上快速拉升了，观察到这一点的中线投资者可以迅速进入日 K 线图中寻找机会。

图 4-31 为金辰股份 2021 年 3 月至 7 月的日 K 线图。

从金辰股份的日 K 线图中可以看到，在 5 月初，该股确实连续收出了数根长阳线，并突破了均线组合的压制。但就在股价向上接触到 35.00 元价位线后，K 线收阴小幅回落整理，买入信号似乎也没有那么积极了。

不过，由于中长期均线已经承托在了 K 线下方形成支撑，因此，股价在震荡了一段时间后，还是于 5 月底向上突破压力线，开启了新一波上涨，此时投资者再买进就会更加安全。从后续的走势也可以看到，该股在 6 月中旬就进入了急速的拉升之中，涨幅相当可观。

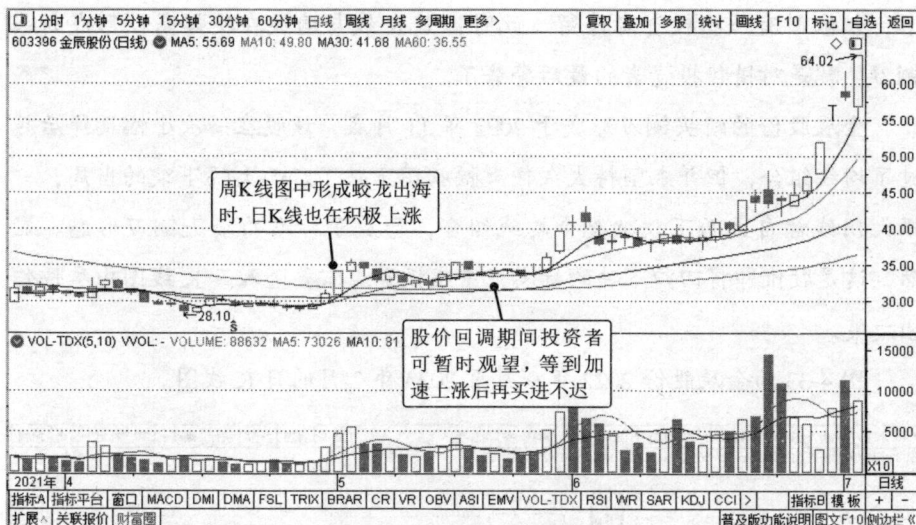

图 4-31　金辰股份 2021 年 3 月至 7 月的日 K 线图

下面来看一下金辰股份上涨趋势转向后形成的断头铡刀形态。

图 4-32 为金辰股份 2022 年 8 月至 2023 年 3 月的周 K 线图。

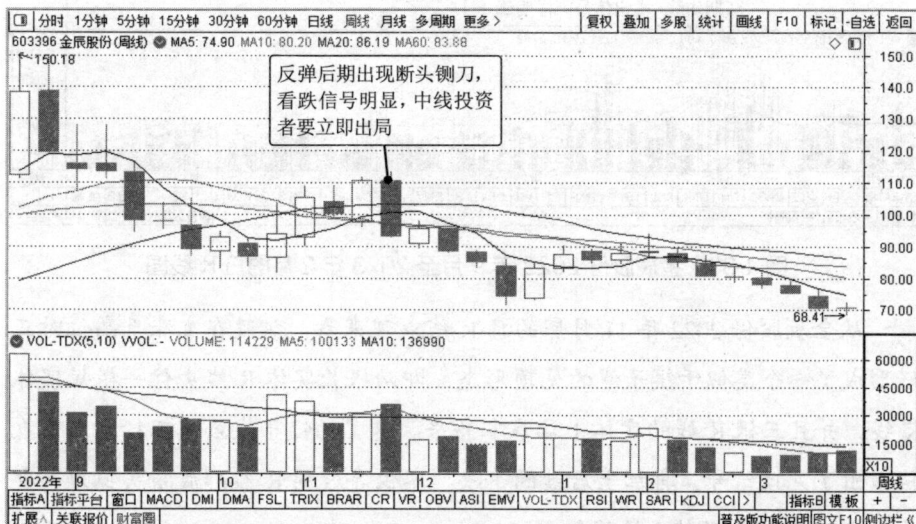

图 4-32　金辰股份 2022 年 8 月至 2023 年 3 月的周 K 线图

金辰股份在转入下跌行情之后，场内不少中线投资者就已经先行撤离了，但依旧有一些投资者停留。此时，若 K 线与均线在反弹高位形成断头铡刀，就是对惜售投资者的最后警告了。

金辰股份的断头铡刀形成于 2022 年 11 月底，该股在一次小幅反弹后越过了均线组合，但并未坚持太久便大幅收阴下跌了。而大幅下跌的当周，一根大阴线就自上而下跌破整个均线组合，形成了标准的断头铡刀形态。显然，这是股价即将回归下跌的标志，中线投资者需要进入日 K 线图中尽快作出决策。

图 4-33 为金辰股份 2022 年 9 月至 2023 年 2 月的日 K 线图。

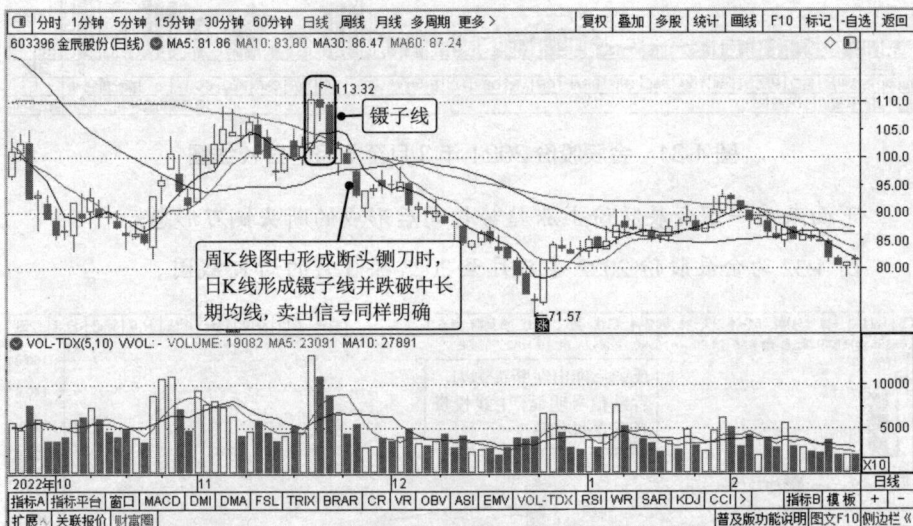

图 4-33　金辰股份 2022 年 9 月至 2023 年 2 月的日 K 线图

从金辰股份 2022 年 11 月底的日 K 线表现来看，该股在上涨至高位时正好形成了一个类似于镊子线的见顶形态，即两根长实体 K 线夹住一根短实体 K 线，并且三根 K 线的实体上端基本齐平。这里的镊子线虽然不标准，但也传递出了见顶信号，再加上后续的下跌，不仅导致周 K 线形成断头铡刀，也导致日 K 线跌破了整个均线组合。

因此，中线投资者就要立即作出卖出决策，以避开后市更大幅度的下跌。

第 5 章

中线实战：四大指标结合应用

无论投资者将理论熟悉到了什么样的程度，都需要通过实战来检验。在真实的连续性走势中，投资者要学会利用四大指标分辨出自己需要的信息，辅助自己作出更加合理的买卖决策，进而提高收益。

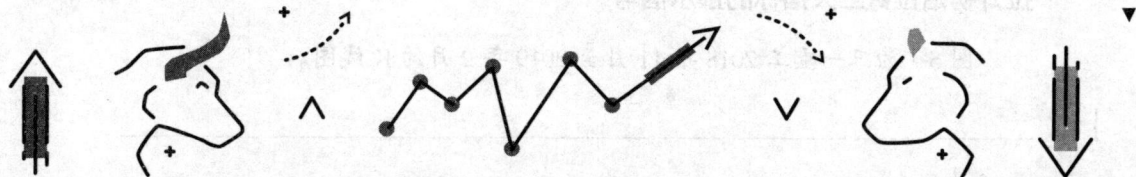

5.1 确定中线建仓点与加仓点

中线投资策略的关键之一，就是对建仓点和加仓点的确定，这是中线投资者入市的第一步，也是决定后市获利空间的重要一步。建仓点选得好，加仓位置恰当，有时候甚至能够实现收益的翻倍。

当然，选择一只优秀的股票也是投资者需要事先考虑的，毕竟中线投资的持股时间不短，如果不能确保个股的强势，投资者很容易被迫随着股价的震荡而频繁进出，违背中线投资的初衷。

本节选择的个股是三一重工（600031），它是工程机械制造领域的龙头股之一，也是我国最大、全球第五的工程机械制造商，其主营产品混凝土泵车全面取代进口，国内市场占有率超 50%，为国内首位，且连续多年产销量居全球第一。

很显然，三一重工属于典型的白马股，发展前景相当广阔，投资者选择其作为自己的中线投资目标是比较合适的。下面就通过三一重工的一段上涨走势来分析中线建仓点和加仓点。

5.1.1 拉升前夕的建仓点

一般来说，当股价即将进入拉升时，四大指标或多或少会形成一定的预示信号。这种预示信号可能在股价刚开始产生变动时形成，也可能在拉升开始后陆续出现。

如果中线投资者单独观察某一个指标后无法确认，就要多结合其他指标分析，在确定拉升走势后迅速买进，就有机会乘上白马股飙升的东风。

下面通过一个案例来进行解析。

实例分析

拉升初始位置三大指标的预示信号

图 5-1 为三一重工 2018 年 11 月至 2019 年 2 月的 K 线图。

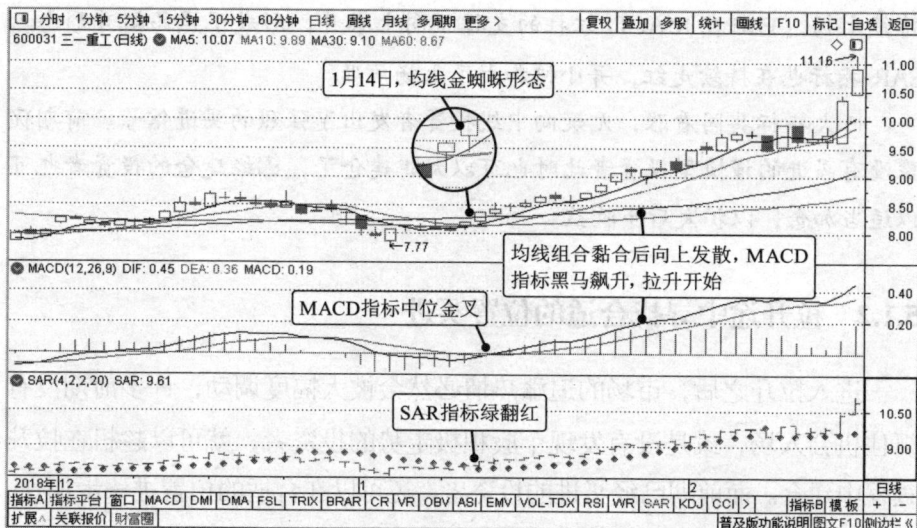

图 5-1 三一重工 2018 年 11 月至 2019 年 2 月的 K 线图

图 5-1 中展示的是三一重工拉升前夕的走势，从 K 线图中可以看到，该股在 2018 年 12 月还没有表现出明显的趋势性，两条中长期均线基本走平，说明股价已经经历了长期震荡。这种走势并不适合中线投资，因此，许多投资者还在观望。

进入 2019 年 1 月后，该股小幅跌到了 8.00 元价位线以下，但很快转而回升。1 月中旬，K 线开始连续收阳上涨，就在连续收阳的第二个交易日，也就是 1 月 14 日，短期均线受其带动向上形成了一个黄金交叉，不仅如此，两条短期均线还同时上穿了 60 日均线，形成了一个金蜘蛛形态。

虽然金蜘蛛是一种看多形态，但有时候也可能是巧合形成的，因此，中线投资者需要多观察其他指标。

先来看 MACD 指标的表现，可以发现，在均线金蜘蛛形成的同时，DIF 已经向上靠近 DEA，突破后形成中位金叉几乎是可以确定的。再来看 SAR 指标，在 1 月 14 日开盘时就已经翻红了。多个指标共同发出看多信号，其可信度就比较高了，中线投资者完全可以在此试探性地建仓。

在其后的半个月时间内，该股依旧在快速上涨，并且成功带动均线组合由黏合转为向上发散，更加确定了上升趋势。与此同时，MACD 指标线持续上扬，DIF 在 MACD 红柱的支撑下向上攀升，形成了黑马飙升形态。SAR 指标也在持续走红，并小幅加大了上扬角度。

　　三大指标共同看涨，无疑向中线投资者发出了强烈的买进信号。前期犹豫没有买进的谨慎型投资者此时也可以大胆建仓了，已经建仓的投资者也可以适当加仓，以扩大后市收益。

5.1.2　拉升途中寻找合适的位置买进

　　进入拉升之后，市场的追涨热情必然会被大幅度调动，许多前期没有抓住机会入场，或是没有发现个股积极走势的投资者，就可以趁机在拉升过程中建仓。而前期已经买进的投资者，还可以在合适的位置进一步加仓，增加后市获利的砝码。

　　下面通过一个案例来进行解析。

实例分析
拉升途中的加仓点确定

　　图 5-2 为三一重工 2019 年 1 月至 4 月的 K 线图。

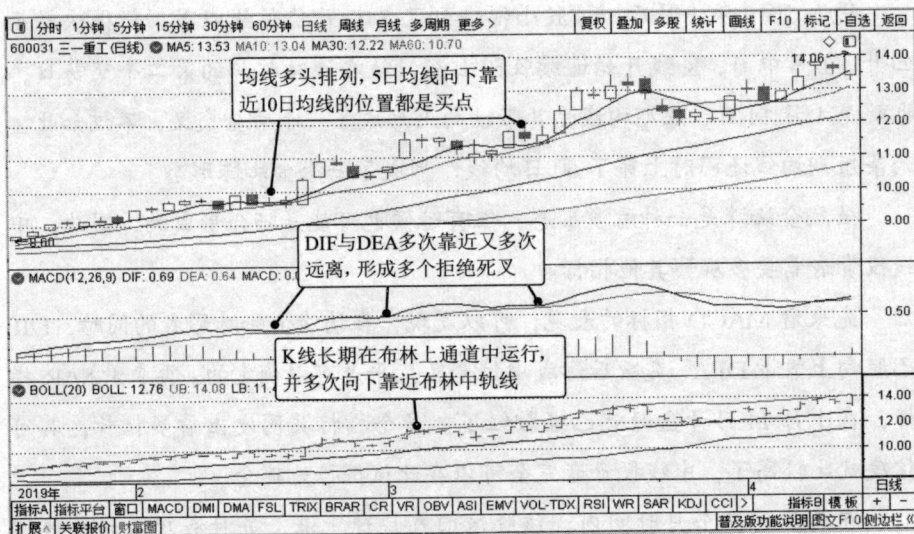

图 5-2　三一重工 2019 年 1 月至 4 月的 K 线图

从图 5-2 中可以看到，该股在 2019 年 1 月之后就进入持续的拉升之中，涨幅非常可观，使得许多投资者纷纷追加资金。不过，追加资金也是有技巧的，若投资者每次都能在较低的位置加仓，持股成本就能得到很好的控制，从另一方面增加自己的收益。

在 K 线图中，中长期均线在拉升过程中就已经上扬，并且与短期均线和 K 线保持了一定距离。它是上涨趋势是否能够维持的关键，只要中长期均线不被跌破，中线投资者就可以继续持有。

再看两条短期均线，可以发现 5 日均线长期运行于 10 日均线之上，并且几乎没有形成交叉。这种短期均线在上，中长期均线在下，并且互相都没有接触的排列形态被称为多头排列，属于强势看多形态。

在多头排列构筑过程中，5 日均线多次向下靠近 10 日均线，但都没有跌破，说明股价虽有回调，幅度却都比较小，自然也谈不上跌破，那么这些回调的低点就可以作为投资者的加仓点。

如果仅靠均线无法确切判断出买点，投资者还可以观察 MACD 指标。通过观察可以看到，MACD 指标线的震荡比短期均线还要频繁，但 DIF 也都没有向下跌破 DEA，形成的多个拒绝死叉同样释放出了明确的加仓信号。

除此之外，布林指标也展现出了其优势。从 2019 年 1 月开始，K 线就运行到了布林中轨线之上，随后长时间在布林上通道内运行。在此期间，布林中轨线对 K 线形成了强力的支撑，那么 K 线在其上方止跌回升的位置同样可视作买点。

当这三大指标的买入信号发生重叠时，投资者就可以试着加仓了，这样操作的风险会降低不少。

5.1.3　震荡幅度稍大的上涨过程买点

在很多时候，个股的上涨并不会如三一重工在 2019 年 1 月至 4 月的那般顺利和快速，股价在反复震荡中逐步上涨才是常态，这种走势在三一重工接下来的上涨阶段中也得到了体现。

遇到这种震荡走势，投资者需要做的就是稳住心态，不受短期波动的影响，必要时可以使用周 K 线来屏蔽短期波动给自己带来的影响。如果能够通过某指标确定上升趋势的稳定性，投资者还可以在合适的位置建仓或加仓。

下面通过一个案例来进行解析。

实例分析

震荡幅度稍大的上涨过程买点分析

图 5-3 为三一重工 2019 年 4 月至 10 月的日 K 线图。

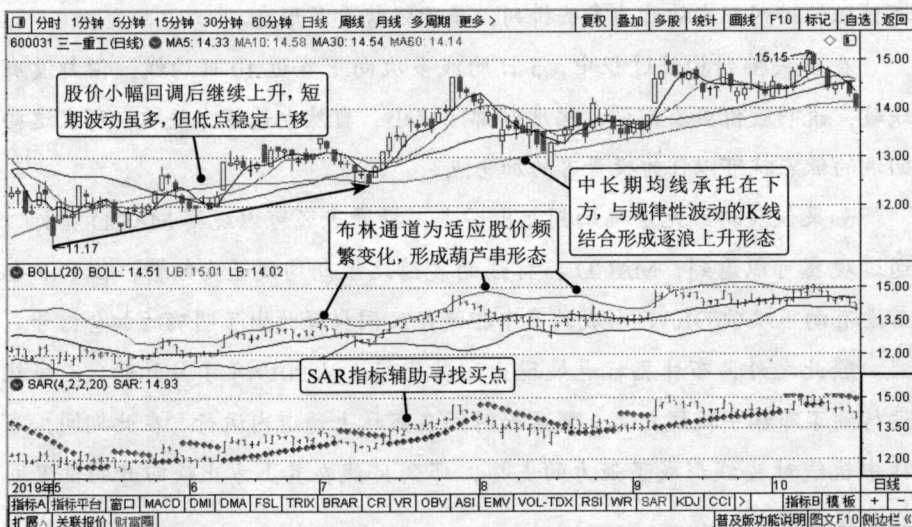

图 5-3　三一重工 2019 年 4 月至 10 月的日 K 线图

三一重工在 2019 年 4 月形成一次小幅回调整理，将前期抛压释放一部分后，于 5 月初准备再度向上拉涨。

从图 5-3 中可以看到，30 日均线在该股前期回调的带动下已经拐头下行了，60 日均线也被小幅跌破，说明此次整理的影响力还是比较大的。如果有中线投资者因此卖出兑利，也在情理之中。

进入 5 月后，三一重工开始逐步向上攀升，但不仅上涨速度大不如前，震荡还更加频繁了，再加上 30 日均线还未转向，60 日均线也暂时处于 K 线上方，许多投资者出于谨慎考虑还在观望。

不过，随着时间的推移，该股的上涨趋势逐渐稳定下来。别看 K 线震荡频繁，但其低点却是处于稳定的上扬之中，投资者只要将这些低点相连，就可以发现它们几乎落在同一条斜线上。

通过这种方式绘制出来的斜线被称作上升趋势线，对股价的支撑力不亚于中长期均线。因此，中线投资者此时基本上可以确定上升趋势的稳定，进而选择合适的低点重新买进或加仓。而加仓点不仅可以依靠均线组合和上升趋势线来确定，布林指标和 SAR 指标同样能够出力。

先来观察布林指标，可以发现，在每次股价止跌上涨时，布林通道为将其容纳在内，就会向上小幅扩张；每当股价转势下跌时，布林通道又会适当回缩。这种走势多次重复，就形成了类似葫芦串的形态。再加上形态构筑过程中布林中轨线是长期上行的，上涨趋势能够确定，那么葫芦收缩的颈部就可以成为投资者的加仓位置。

此时 SAR 指标的买入信号就更明朗了，它的红绿翻转几乎与股价的涨跌完全契合，投资者只要在 SAR 指标绿点翻红时买进就可以了。

当然，如果有的投资者认为日 K 线图中的短期震荡太影响自己的判断，或分析起来太费时间，也可以将 K 线周期转换为周 K 线，这样就能很好地节省自己的精力，同时也能屏蔽掉大部分短期波动。

图 5-4 为三一重工 2019 年 4 月至 10 月的周 K 线图。

从图 5-4 中可以看到，将一长段日 K 线波动浓缩后，个股的整体趋势果然更清晰了。在 2019 年 4 月股价回调时，30 周均线都还维持着上扬，这就足够证明该股的长期走势向好了。

再观察周 SAR 指标可以发现，虽然在 6 月时周 SAR 指标还在走绿，但随着周 K 线的持续上扬，周 SAR 指标最终还是在 7 月中旬彻底完成了翻红，并且在翻红后稳定上行，进一步确定了该股的上扬走势，中线投资者买进自然也更有底气。

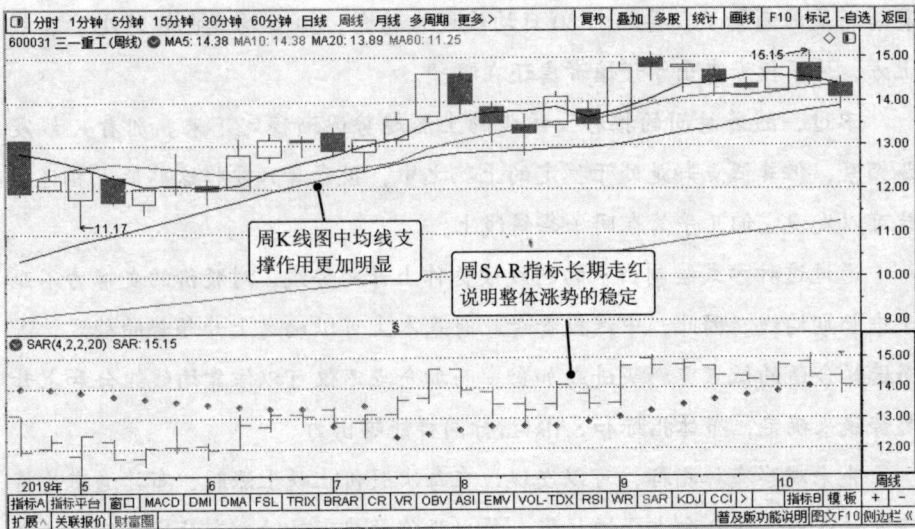

图 5-4　三一重工 2019 年 4 月至 10 月的周 K 线图

5.1.4　K 线跌破中长期均线稳住心态

在股价上涨过程中，尽管很多时候中长期均线还能够维持上扬，但 K 线却出现接连将其跌破后回升的走势，导致一些心态不稳的中线投资者受到影响频繁买卖，中线投资逐渐变成短线操作。

三一重工中也出现了这样的走势，震荡幅度还不小。在这样的情况下，中线投资者其实很难判断个股会不会在跌破中长期均线后彻底转入下跌，如果要一直持有，无疑会冒着比较大的风险；但如果频繁买卖，又会与中线投资策略和原则相悖。到底如何决策，成了一个难题。

下面就来看一下在三一重工的震荡走势中，不同类型的投资者可以做出怎样的选择。

实例分析

K 线频繁跌破中长期均线如何决策

图 5-5 为三一重工 2019 年 11 月至 2020 年 5 月的 K 线图。

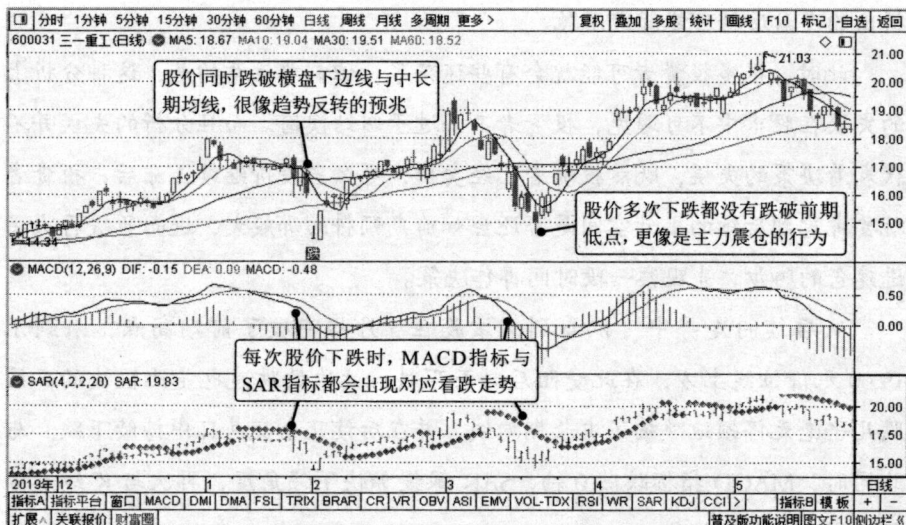

图5-5　三一重工2019年11月至2020年5月的K线图

从图 5-5 中可以看到，三一重工的逐浪上升走势并没有维持太长时间，股价在 2019 年 12 月明显加大了上涨幅度和速度，脱离了原有的规律浪形上涨，也破坏了逐浪上升形态。

按理来说，股价加快涨速是投资者喜闻乐见的事，这意味着自己的获利空间在扩大。但从该股后续的表现来看，投资者反而会更难抉择。

在 2020 年 1 月初，该股向上接触到 18.00 元价位线后小幅回落横盘，在此期间 30 日均线依旧在上移，K 线被动向中长期均线修复。

在上涨趋势中，这样的被动修复到了后期，大概率是 K 线沿着 30 日均线的上行轨迹继续上涨。但事实却并非如此，该股在靠近 30 日均线后大幅收阴下跌，不仅在短时间内跌破了前期横盘支撑线，甚至还凭借跳空跌停跌破了两条中长期均线。

目前来看，该股走势释放出的其实是强烈的卖出信号，就连 SAR 绿线也加大了下行角度，MACD 指标线也在向着 0 轴靠近。一切信号都催促着中线投资者出局，那么投资者就最好顺应分析，先行卖出。

从后续的走势可以看到，该股在跌停的次日就大幅收阳回升了，一段时间后就回到了中长期均线之上，并表现出持续上扬的走势，与前期投资者分析出的变盘反转可能背道而驰。

此时，很多投资者可能就会有些迷茫了。但需要注意的是，这种分析上的失误在股市中不可避免，投资者不必过于纠结懊悔。而且分析的失误并不代表着决策的失误，既然投资者已经卖出，那么当股价继续上涨后，投资者就要考虑到后续的上升空间是否还会如前期预料的那般大，进而暂缓再次买进建仓的脚步，先观察一段时间再作决策。

从后续的走势中可以看到，该股在 3 月初突破了前期高点，来到了 19.00 元价位线上方，在此受阻后转而下跌。此次的跌速也是比较快的，该股几乎毫无停顿地跌破了中长期均线，并在后续几个交易日中持续下跌。与此同时，MACD 指标跌破 0 轴，SAR 绿线加快下倾角度，再次与 K 线走势配合形成了看跌信号。

此时又会有一批投资者认为股价即将反转，进而再次抛售，这也在情理之中。但该股这次依旧没有彻底变盘，而是在落到稍高于前期低点的位置就拐头回升了，上涨速度还不慢，可见这又是一次误导投资者卖出的陷阱。

当这种陷阱连续两次出现后，有些敏锐的投资者可能就回过神来了，这种连续急跌跌破关键支撑线，却又在即将跌破前期低点的最后时刻反转向上的异常走势，不像是市场自然交易造成的，那么这其中有没有主力参与的可能呢？

答案是很有可能。个股在运行过程中如果经常出现这种异常情况，大概率就是主力在进行操作，其目的可以根据行情所处位置和股价走势来判断。

三一重工股价已经经历了一年多的积极上涨，盘中积累了大量的不同持股周期的获利盘，会对主力的拉升造成很大的阻碍。前面该股形成的逐浪上升，其实就是主力通过小幅度的震荡甩掉浮动盘的手段，但发现效果不佳后，主力就会加大震荡幅度，迫使一部分中线投资者都不得不为了保住收益而先行离场，这就达到了震仓的目的。

显然，这种策略是非常成功的，就连中线投资者都撤离不少，短线投资者必然卖出得更加积极。这也说明了三一重工未来的发展潜力确实够强，中线投资者若在后续涨势稳定后再次入场，很可能会继续盈利。

其实，投资者在震荡期间也不必强求自己作出与操盘意愿相悖的决策，比如咬牙坚持持有，或是跟风立即卖出等。

如果谨慎型投资者不愿意冒着风险继续持有，那么在撤离后就不必急于重新买进，就算会错过后续可能的上涨收益也没关系。毕竟中线投资并不急于一时，确定整体趋势才是关键。

而惜售型投资者若不愿意轻易卖出，那就一直坚定持有下去。当发现该股的震荡只是虚张声势，实际并未出现明显的下跌后，就可以放下心来继续持有，激进的投资者甚至还可以加仓。

5.1.5 上涨到后期的加仓机会

上涨趋势总有尽头，牛市不可能永无止境，当股价已经运行到较高位置时，投资者再追涨就要谨慎一些了。当然，这种谨慎还没有达到风声鹤唳的地步，只要投资者能够确定股价还可以继续上涨，就不必被一些短期波动吓到，进而放弃持股、踏空行情。

在三一重工的上涨后期，股价并没有出现如前面那般的频繁震荡，而是相对平稳地向上运行。这对于中线投资者来说是很好的获利机会，无论是否已经在前期卖出兑利，投资者都可以在这段走势中尝试投入资金，抓住这一波涨幅。

下面通过一个案例来进行解析。

实例分析
上涨到后期的加仓机会

图 5-6 为三一重工 2020 年 7 月至 2021 年 1 月的 K 线图。

从图 5-6 中可以看到，在进入 2020 年 8 月后，股价就小幅加快了涨速，带动均线组合向上发散，形成了积极看多的走势。

与此同时，K 线突破了布林中轨线，运行至布林上通道之内。SAR 指标也由绿翻红，发出了明确的买进信号，投资者可以在此建仓或加仓。

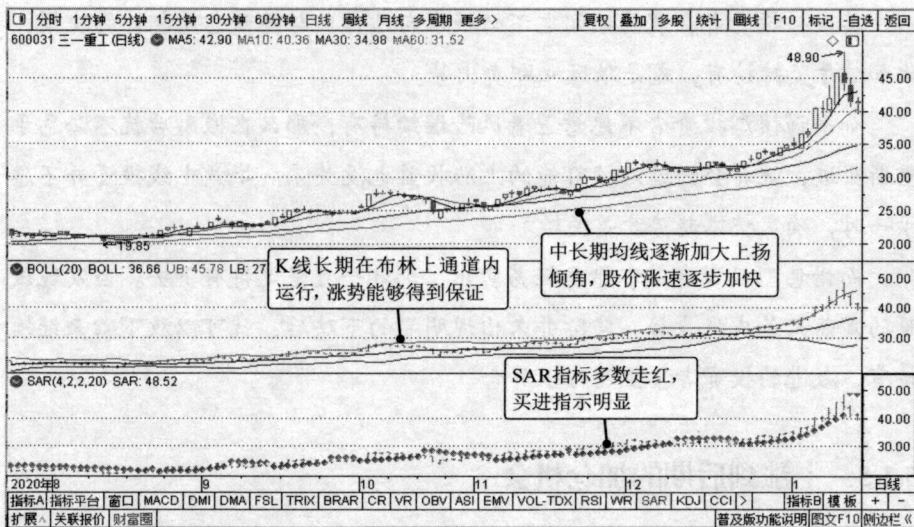

图 5-6 三一重工 2020 年 7 月至 2021 年 1 月的 K 线图

在后续的数月时间内，三一重工的涨势都十分稳定，几乎与 2019 年初股价刚开始拉升时的稳定程度不相上下。

在此期间，该股虽然形成了数次震荡，但幅度都非常小，仅仅依靠 30 日均线便能挡住大部分的回调整理。布林指标和 SAR 指标也相应传递出了看多信号，证明了市场在这段时间内对该股积极看好的态度。

但需要注意的是，三一重工已经经历了相当长时间的上涨，牛市运行到现在这个位置，投资者确实有必要考虑见顶问题了。虽然这段时间内三一重工的积极走势似乎也没有见顶的迹象，但中线投资者依旧要提醒自己谨慎，建仓或加仓时注入的资金都不要太多。

如果投资者一时难以确定三一重工的这段牛市到底有多么惊人的上涨，不妨将其浓缩为周 K 线，看看到底有多大的涨幅。

图 5-7 为三一重工 2018 年 11 月至 2021 年 1 月的周 K 线图。

从图 5-7 中可以看到，三一重工从 2018 年 12 月之前的最低价 7.48 元上涨至 2021 年 1 月的最高价 48.90 元，期间经历了两年多的时间，但涨幅却有553.74%。这么大的涨幅，放在整个 A 股市场中都是不多见的，可见三一重工这段牛市为投资者带来了多大收益。

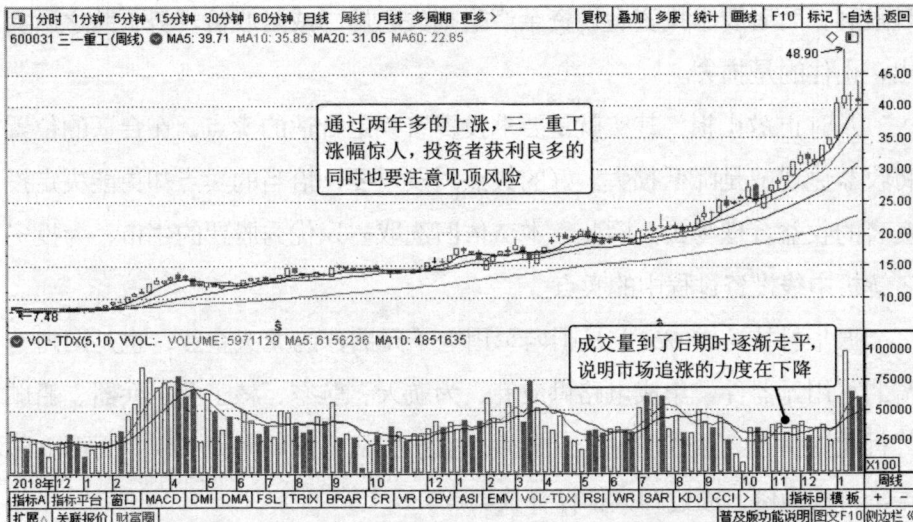

图 5-7 三一重工 2018 年 11 月至 2021 年 1 月的周 K 线图

如果观察成交量就可以发现，这几年内成交量最为活跃的位置反而是股价刚开始拉升的时候，当这一波拉升结束后，其实量能是长期走低的。量能的缩减意味着市场成交活跃度在下降，虽然没有下降太多，但终究与股价的上涨形成了一定的背离。

尤其是在上涨后期，即 2020 年末，成交量几乎已经走平，但股价的涨速却比 2019 年初还快。很显然，这种背离是市场推动力跟不上股价涨速的表现，并且已经明显到投资者不得不注意的地步。这并不是一个好消息，因为让这种走势延续下去，牛市就有见顶的可能。

因此，投资者即便要在这段积极上涨中做多，也要注意及时止盈卖出。而止盈和止损，也正是下一节案例解析中要重点向投资者阐明的。

5.2 寻找中线止盈点与止损点

止盈原则和止损原则应当是所有投资者都需要遵守的原则，前者要求投资者在资金产生损失之前，甚至是在股价转势下跌之前就卖出，止住的是盈利；后者要求投资者在资金产生损失之后，或是股价转势下跌之后卖出，止住的是损失。

及时止盈止损，其实就是要求投资者确定合适的卖点，在合适的位置将收益兑现或是降低损失。好的买点固然重要，恰当的卖点却更能决定投资者的收益合理与否。因此，本节依旧选取一只优秀股票的牛市，为投资者解析中线投资过程中的卖点。

振华科技（000733）是国内军用电子元器件的龙头企业，也是国内一流的军用元器件、集成电路供应商，为航天、航空、核工业、兵器、船舶等行业提供了大量优质电子元器件，前景广阔，发展潜力可观。下面就以振华科技为例，通过四大指标寻找卖点。

5.2.1 快速拉升见顶后的卖点

当个股开启牛市行情时，往往会通过一次快速的拉升来提醒市场注资，上一节的三一重工是这样，本节的振华科技也是这样。

既然投资者已经学会判断买进点和加仓点，那么接下来的案例就将重点放在股价转折下跌的位置，帮助投资者找到合适的卖点。

下面通过一个案例来进行解析。

实例分析

拉升结束后的止盈点与止损点

图 5-8 为振华科技 2020 年 5 月至 9 月的 K 线图。

从图 5-8 中可以看到，该股在 2020 年 6 月并未表现出明显的趋势性，整体在 20.00 元价位线上方横盘震荡，导致均线组合长期黏合在一起。

到了 6 月底，这种弱势走势得到了改善，K 线开始连续收阳上涨。进入 7 月后，股价的涨势更加明显，在拉出几根长实体阳线后，均线组合被带动着开始向上转向，并由黏合转为多头发散。布林指标也有相应的表现，布林通道开始向上扩张，布林上轨线指向上方。MACD 指标线则脱离 0 轴，向更高的位置进发。

三大指标都释放出了明确的看涨信号，多重叠加下，买入时机就比较明确了，中线投资者此时可以买进。

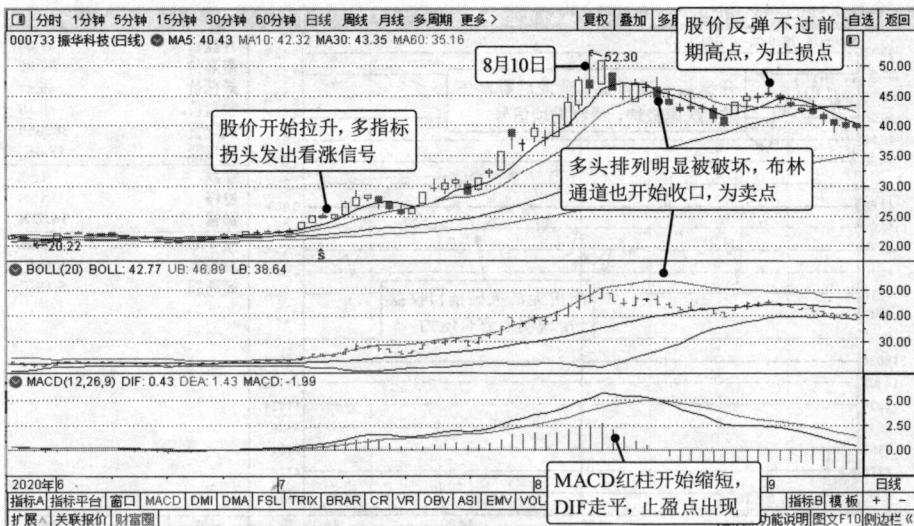

图 5-8 振华科技 2020 年 5 月至 9 月的 K 线图

在经历了一个多月的上涨后，该股来到了 45.00 元价位线上方。此时的各项指标都表现良好，均线组合长期形成多头排列，布林通道还在开口，MACD 指标也在持续上扬。

8 月 10 日，该股创出了 52.30 元的阶段新高，但在当日就形成了冲高回落，传递出了股价可能即将见顶的信号，下面来看当日的分时走势。

图 5-9 为振华科技 2020 年 8 月 10 日的分时图。

从 8 月 10 日的分时走势可以看到，该股当日是以低价开盘的，并且在开盘后迅速被大量能急速推涨，几分钟内冲上 52.30 元的最高位置后，股价又急速拐头下跌，落到均价线上横盘震荡了一段时间，最终还是将其跌破，在 10:30 之前就跌出了 45.18 元的低价。

这种在相对高位形成的早盘冲高回落很像是见顶信号，说明股价突破有困难，对于谨慎型投资者来说，这其实就是止盈信号了。

在后续的交易时间内，该股多次回升试图突破前日收盘价，但都没有成功过，最终以 46.16 元的低价收出了一根带长上影线的阴线，进一步证实了当日市场的走弱。

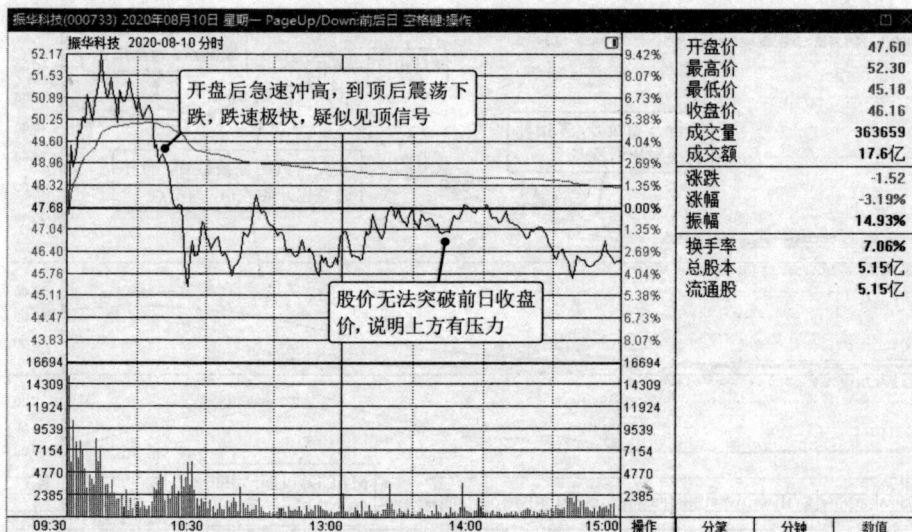

图 5-9　振华科技 2020 年 8 月 10 日的分时图

回到 K 线图中，投资者会发现次日开盘后股价又继续上涨了。但只要再等一个交易日，K 线依旧在收阴下跌。同时，MACD 指标中的柱状线也开始缩短，DIF 走平并靠近 DEA。这都是股价可能见顶下跌的信号，止盈点形成，谨慎型投资者可以先行卖出了。

数日后，股价跌破 45.00 元价位线，两条短期均线形成了死亡交叉，破坏了多头排列的形态。随着价格的持续下跌，布林通道开始收口，MACD 指标也形成了高位死叉，传递出了明确的卖出信号。

后续该股在 40.00 元价位线附近得到支撑后小幅反弹，但在向上接触到 45.00 元价位线时突破困难，很快转而下跌。此时的布林通道已经开始紧口，MACD 指标线也在向 0 轴跌落，说明跌势已经形成，还未离场的投资者需要及时止损。

5.2.2　震荡到高位滞涨时的卖点

股价的上涨过程不一定顺利，在其上涨到顶部之前，各项指标就可能会出现一些提前预警的形态，这些提前预警形态传递的无疑是止盈信号，这些信号提醒投资者在股价转向之前就要及时撤离。

当股价完成向下的转向后，止损点就会陆续开始形成，惜售的投资者要借助这些止损点及时卖出。

下面通过一个案例来进行解析。

实例分析

震荡到高位滞涨时的卖点分析

图 5-10 为振华科技 2020 年 11 月至 2021 年 3 月的 K 线图。

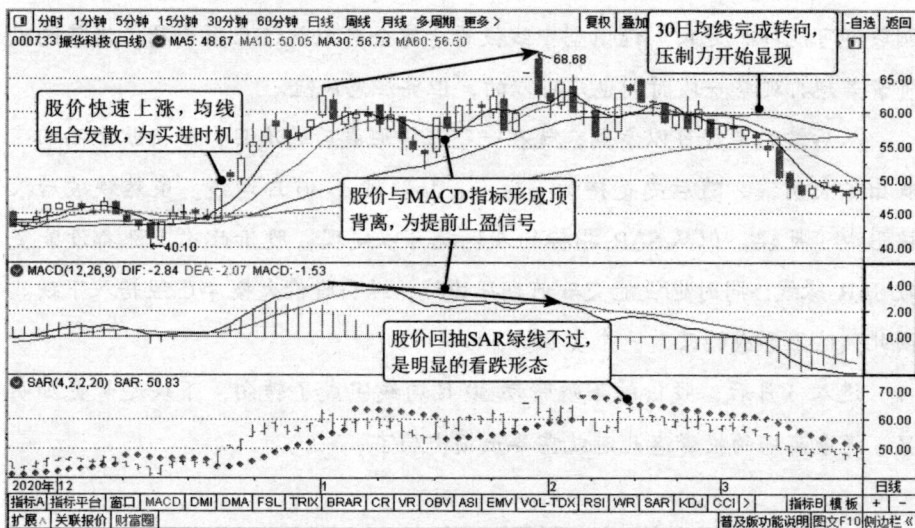

图 5-10　振华科技 2020 年 11 月至 2021 年 3 月的 K 线图

振华科技从上一次的强势拉升中跌落后，于 2020 年 12 月上旬来到了 46.00 元价位线附近震荡，跌幅不大，但持续时间还是比较长的。这一阶段没有很好的买点，许多中线投资者已经撤离到场外观望。

12 月下旬，K 线直接收出一根涨停大阳线，开启了又一波上涨。MACD

指标也伴随着股价的上涨形成黑马飙升形态，SAR 指标翻红后持续上扬，买进信号明确，中线投资者可以在此建仓了。

进入 2021 年 1 月后，该股在 65.00 元价位线上受到了一定阻碍，拐头开始回调整理。1 月中旬，股价跌至 30 日均线附近止跌后回归上涨，但此次的上涨速度减缓了不少，股价还未接近 65.00 元价位线就再次收阴回落。在第二次得到 30 日均线的支撑后，K 线直接收出一根一字涨停，突破了 65.00 元价位线的压制，也突破了前期高点。

此时观察 MACD 指标可以发现，当股价的高点依旧上移时，DIF 的高点却出现了明显下降。而且在跟随股价第一次回调形成死叉后，DIF 就一直没能回到 DEA 之上，就算股价后续突破前期高点，DIF 也只是向上靠近 DEA，形成拒绝金叉。

MACD 指标的顶背离再加上拒绝金叉，是很明确的提前预警信号，说明股价可能即将见顶。谨慎型中线投资者完全可以就此止盈出局，惜售的投资者若想再观察一段时间也是可以的，但要注意风险。

从后续的走势可以看到，就在一字涨停形成后的次日，股价就冲高回落收出了大阴线，随后更是持续下跌，直接跌破了 30 日均线。虽然跌破后很快形成了反弹，但从 SAR 指标的表现就可以发现，股价此次上涨都没能突破 SAR 绿线，同时也没能突破前期压力线，说明股价大概率已经转入下跌。因此，这里形成的又是一个卖点。

进入 3 月后，股价的下跌带动 30 日均线完成了转向，下跌趋势更加明显，还未离场的投资者此时就需要止损出局了。

5.2.3　上涨空间未尽时也需要止盈

中线投资的持股时间一般在三个月左右，但也并没有硬性规定。有的中短线投资者可能只持有一到两个月就卖出了，而有些中长线投资者可能会一直持股长达半年。由此可见，中线投资者其实也会分类型。

但无论是哪种类型的中线投资者，在止盈原则及持股时间的束缚下，即便个股可能还有上涨空间，投资者也需要先行止盈出局，将收益落袋为安，结束这一次投资后再考虑后续是否继续买进。

这种策略在前面的案例中已经有所提及了，主要目的就是完整地执行事先制定的投资策略，以及规避高位被套的风险。注意，提前制定投资策略是很重要的，很多投资者之所以收益不稳定，甚至常年亏损，就是因为缺乏投资策略的指导。

止盈点的设置就是策略中的关键一环，有些投资者会以收益百分比来设置，比如获利达到 30% 就卖出；有些投资者会根据价格来设置，比如股价突破某一关键价位线就卖出；有些投资者会根据持股时间来设置，比如持股达到三个月后就卖出；有些投资者还会通过特殊看跌形态来设置，比如遇到 K 线见顶形态就卖出，方法非常多，投资者选择适合的即可。

下面看一下当振华科技还有上涨空间时，投资者的止盈策略如何执行。

实例分析

上涨中途调整时的止盈点

图 5-11 为振华科技 2021 年 4 月至 10 月的 K 线图。

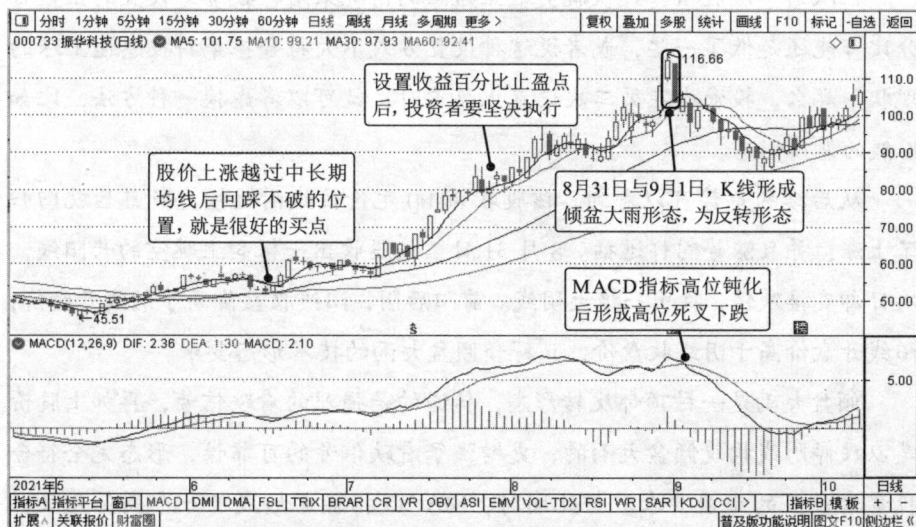

图 5-11　振华科技 2021 年 4 月至 10 月的 K 线图

从图 5-11 中可以看到，该股在经历了前期的回调整理后，在 5 月初已经跌到了 45.00 元价位线附近，也跌到了中长期均线之下。但在此止跌后，K 线很快收阳回升，穿越均线组合后来到了 60.00 元价位线下方。

在靠近该价位线后，股价形成了小幅回调，低点落在中长期均线之上，说明其压制力已经转化为支撑，投资者在此买进是比较合适的，买进价格在 55.00 元左右。

此时，投资者就要根据自身情况和振华科技的涨势强势与否来设置止盈点了。比较常见的就是按照收益百分比来设置，从振华科技走牛后的涨势来看，投资者可以将止盈点设置得稍高一些，但也不能过于极端，这里按照 50% 的收率百分比来设置一个止盈点，止盈价格为 82.50 元（55.00×150%）。当然，投资者也可以采用其他方式来设置，这里只是举例而已。

从该股后续的走势来看，当中长期均线的支撑作用开始显现后，股价的涨速就越来越快，到了 7 月已经快到带动中长期均线加大上扬角度的地步。

正是因为振华科技短期内极快的涨速，投资者设置的止盈点在 7 月底就被突破了。而这时股价也正好在横盘整理，那么投资者就应当坚决执行策略，在 82.50 元价位线附近卖出兑现，等到股价再次上涨后再重新买进。

但从这一次股价如此快就突破止盈点的情况来看，投资者设置的止盈百分比可能还是低了一些，或者说这种设置方式不太符合振华科技急速上涨的现状。那么，投资者在第二次设置止盈点时，就可以考虑换一种方法，比如 K 线的见顶形态。

从后续的走势可以看到，该股在 80.00 元价位线附近横盘数日后就回归了上涨，并且涨势同样迅猛。8 月 31 日，该股收出一根向上跳空的长阳线，次日却直接跌停，收出一根大阴线。前阳后阴，阳线收盘价高于阴线开盘价，阳线开盘价高于阴线收盘价，正符合倾盆大雨的技术形态要求。

倾盆大雨是一种顶部反转形态，传递的是强烈的看跌信号，再加上股价是以跌停阴线构筑倾盆大雨的，更增强了看跌信号的可靠性，形态完全符合投资者设置的止盈要求。与此同时，MACD 指标也形成了一个高位死叉，随后持续下行，催促投资者迅速卖出。

5.2.4　高位反复震荡最好不要停留

当牛市运行到后期时，股价的上涨势能可能会有所下降，导致价格上冲到一定位置后受阻，甚至多次突破压力线都难以成功，进而形成高位震荡走势。

这种高位震荡形态可能会延续数月，并且最终的结果可能还是拐头下跌，对于中线投资者来说很不友好。因此，中线投资者若发现股价运行到高位后开始长久地震荡，最好还是先行借高出货，待到其变盘发生后再根据具体情况决定是离开还是继续买进。

下面通过一个案例来进行解析。

实例分析

高位震荡过程中及时卖出止盈止损

图 5-12 为振华科技 2021 年 9 月至 2022 年 4 月的 K 线图。

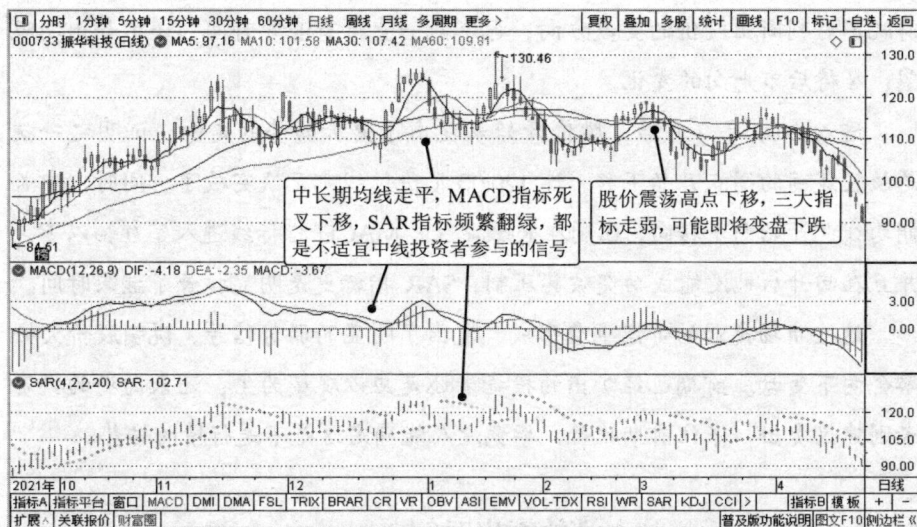

图 5-12　振华科技 2021 年 9 月至 2022 年 4 月的 K 线图

从振华科技的震荡走势中可以看到，该股在进入 2021 年 10 月后已经上涨到了 90.00 元价位线以上，并且随着时间的推移还在不断上扬。除此之外，均线组合、MACD 指标和 SAR 指标都表现出了积极看涨的信号，中线投资者可以在此期间建仓或加仓。

但在 11 月中旬之后，该股便在 125.00 元价位线附近受阻并小幅回落，跌到了 110.00 元价位线附近，随后沿着这一价格区间形成了震荡。

从后续数月的走势来看，该股多次向上试图突破震荡区间上边线，但也只是偶尔小幅突破，没有彻底成功过。由此可见，上方的压力还是比较重的，再加上市场推动力有所不足，股价短时间内很难有更好的表现。

这一点在各大指标中也有所体现。首先是均线组合，中长期均线在股价横盘震荡的过程中已经逐步走平，并且与 K 线产生了交叉。MACD 指标的指标线之间也形成多次死叉，死叉的位置还在不断下移。SAR 指标倒没有出现持续性的看跌信号，只是红翻绿的次数相较于前期增多，翻绿时间也拉长了，说明股价震荡的幅度稍大。

在经历数月的震荡后，许多中线投资者已经感觉到市场走势不妙了，再加上各大指标的表现，先行借高出货就成了比较明智的选择。毕竟投资者目前既不好判断出股价的变盘方向，也不能一直持有浪费时间，还不如出局观望，等待后市走向的变化。

进入 2022 年 2 月后，股价开始表现出了更加弱势的走向，证明之一就是该股震荡的高点开始下移，连 120.00 元价位线都无法突破了。同时，中长期均线也开始向下转向，压制在 K 线之上；MACD 指标线进入了 0 轴以下，并且在回升后也没能成功突破其压制；SAR 指标更是明显拉长了翻绿时间。

这些市场走弱的形态重叠形成，发出了明显的弱势信号，说明股价大概率会向下变盘。前期已经卖出的投资者还是应以观望为主，还未离场的投资者则建议卖出，保住前期收益，毕竟没人能确定这是不是行情的转势。

5.2.5　牛市最后一波上涨的卖出时间

当行情运行到高位时，股价虽然还有上冲势能，但在其受阻滞涨后，这最后一波的上涨势能也会被完全消耗，导致股价在变盘结束后就会彻底进入下跌趋势之中。

当然，身处其中的投资者其实也不好分辨这到底是阶段见顶还是行情见顶，但只需要遵循及时止盈止损的原则，投资者就不会那么容易被套。

下面来看一下振华科技行情到顶时，顶部会形成哪些止盈止损信号。

实例分析

行情高位的卖出时机把握

图 5-13 为振华科技 2022 年 4 月至 9 月的 K 线图。

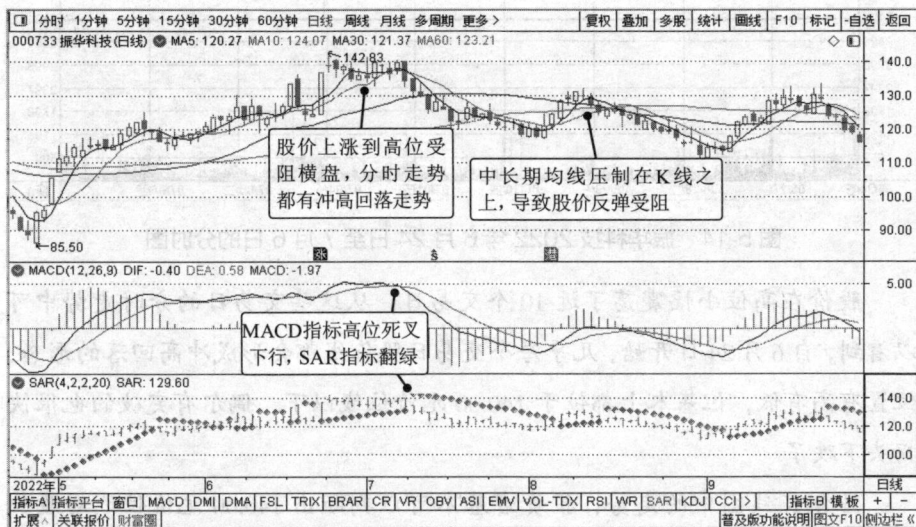

图 5-13　振华科技 2020 年 4 月至 9 月的 K 线图

从图 5-13 中可以看到，振华科技在经历了上一次下跌后，于 4 月底创出 85.50 元的阶段新低，随后拐头向上，进入了新一波的上涨之中。不过此次的上涨不如前期那般积极，股价涨速由快转慢，说明市场追涨的积极性也不如以前了，中线投资者要注意高位追涨的风险。

6 月下旬，该股上涨到了 140.00 元价位线附近，但在此受阻后就再没有突破，而是沿着该价位线形成横盘滞涨，并且滞涨期间股价的震荡幅度非常小。如果投资者足够细致，就会发现在横盘滞涨期间的每一个交易日，股价都有过上冲突破的意图。下面看一下这些交易日的分时走势。

图 5-14 为振华科技 2022 年 6 月 24 日至 7 月 6 日的分时图。

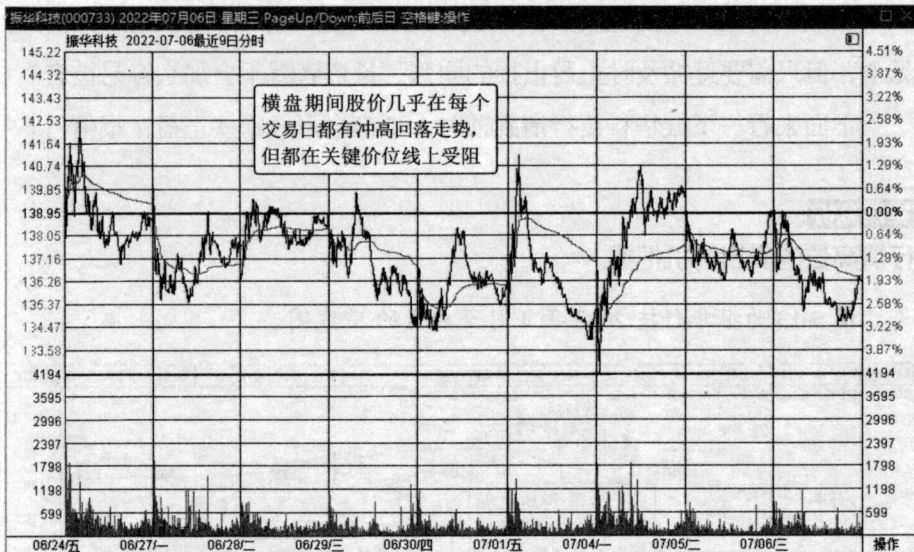

图5-14 振华科技2022年6月24日至7月6日的分时图

股价在高位小幅震荡了近10个交易日，从这些交易日的分时走势中可以看到，自6月24日开始，几乎每个交易日股价线都会形成冲高回落的形态，位置有高有低，但基本上都位于140.00元价位线以下，偶尔有突破的也很快拐头下跌了。

结合K线图中的走势，投资者基本可以判断出140.00元价位线对股价的压制强度，谨慎一些的投资者就可以先行借高出货，达到止盈目的。

继续来看K线图中后面的走势，可以发现，股价在滞涨到7月上旬后，K线就开始连续收阴下跌，不仅跌破了横盘期间的下边线，也跌破了30日均线，导致均线逐渐走平并转向。

除此之外，MACD指标也在高位形成了死叉下行，SAR指标同一时间翻绿，发出了强烈的卖出信号。结合K线与均线的走势，这里的止损卖出信号比较明显，投资者最好及时作出决策。

从后续的走势可以看到，尽管该股形成了明显的反弹，但由于中长期均线已经完成了转向，K线在中长期均线上受阻后就转回下跌趋势了，短时间内行情回暖难度较大，此时还未离场的中线投资者应及时止损出局。

5.3　行情频繁转折时的中线操作

虽然中线投资者最适合参与的行情是上涨行情，但并非所有投资者都能准确跟进一只即将走牛的优质股，很多时候投资者能够追到的都是震荡股，也就是趋势走向不明的猴市股。

相较于牛市股来说，猴市股显然不是那么理想，但只要投资者学会分析技巧，及时果断决策，还是有机会在其中获利的。

比如在 2020 年于上海证券交易所主板市场上市的个股明新旭腾（605068），是一家专注于汽车内饰材料研发、清洁生产和销售的高新技术企业，也是国内汽车内饰材料领域的领先企业，其股价走势虽不温不火，但依旧有不少投资者愿意参与其中。

下面就以该股的一段震荡走势，向中线投资者展示在震荡行情中应如何操作才能更好地降低风险，增加收益。

5.3.1　初始尝试可轻仓买进

在初次尝试介入猴市股时，中线投资者的仓位不可过重，避免尝试失败被深套。当然，寻找到合适的买卖点也是很重要的，毕竟猴市股的上涨可能无法持续太长时间，中线投资者要注意观察四大指标的表现，利用四大指标与 K 线之间的关系来辅助买卖。

下面通过一个案例来进行解析。

实例分析
第一次建仓还应谨慎

图 5-15 为明新旭腾 2021 年 8 月至 12 月的 K 线图。

从图 5-15 中可以看到，该股是在 2021 年 9 月底止跌的，最低价为 26.50 元。进入 10 月后，K 线开始逐步收阳上涨，带动短期均线立即跟随转向，形成了金叉后持续上行，向着中长期均线靠近。

在股价转向的同时，MACD 指标在 0 轴之下形成了一个低位金叉，SAR 指标也由绿翻红，传递出了双重看多信号。再加上均线组合也在逐步被扭转向上，买点已经形成，中线投资者可以轻仓试探买进了。

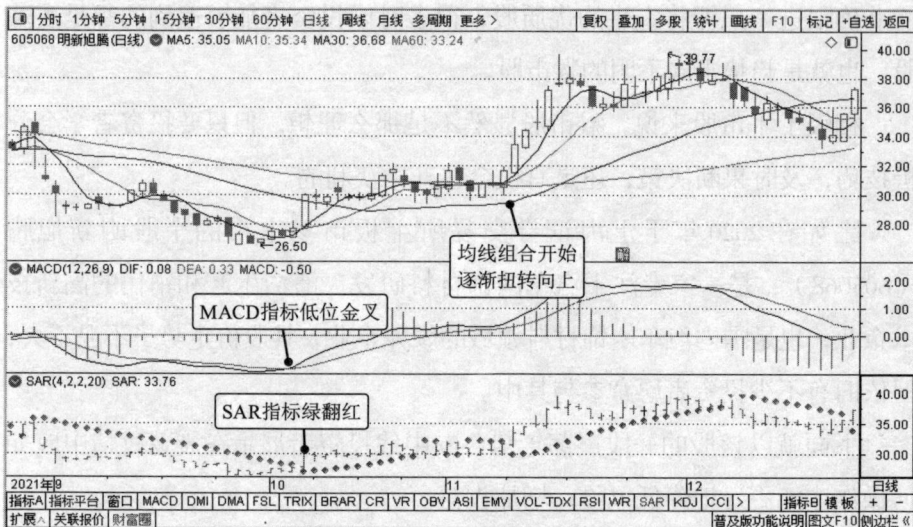

图 5-15　明新旭腾 2021 年 8 月至 12 月的 K 线图

从后续的走势可以看到，该股在经历两个月的上涨后已经来到了 38.00 元价位线附近，但在数次上冲后都未能突破到更高的位置，反而在该价位线下方滞涨。

这就说明该股此次的上涨可能已经到头了，谨慎型投资者可以提前止盈出局。而由于中长期均线还在积极上扬，惜售型投资者一时难以判断是否应该出局，就可以再观察一段时间。

图 5-16 为明新旭腾 2021 年 11 月至 2022 年 3 月的 K 线图。

股价在创出 39.77 元的新高后横盘了数日，就开始连续收阴下跌了。MACD 指标在同一时间形成高位死叉下行，布林通道也由开口转为收口，进一步证实了上涨趋势可能终结。

12 月上旬，K 线跌破了 30 日均线，一直落到 60 日均线附近才止跌并反弹，但反弹的高度也受到了 30 日均线的限制，没能突破前期高点。至此，中线投资者应该能够比较清晰地看出趋势的转向了，股价反弹的高点就是很好的卖点，投资者在此卖出还能保住一定的收益。

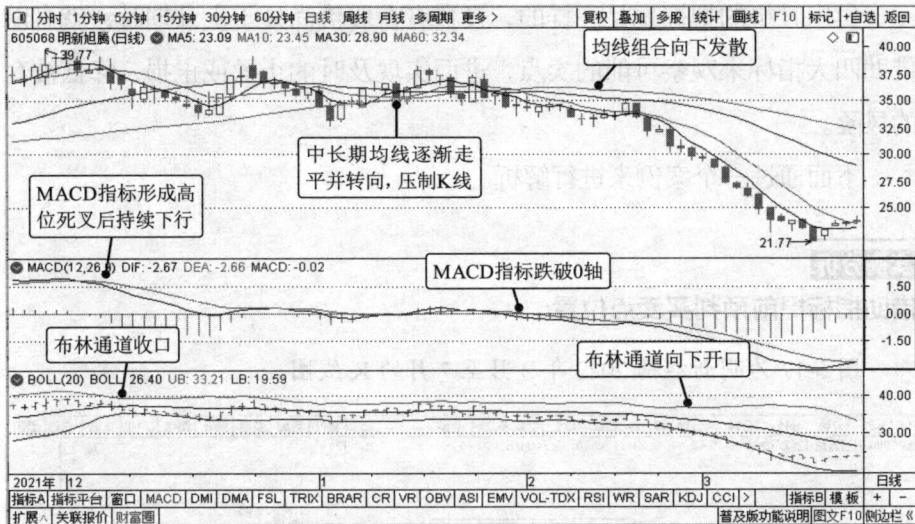

图 5-16　明新旭腾 2021 年 11 月至 2022 年 3 月的 K 线图

继续来看后面的走势。到了 2022 年 1 月底，股价还在 35.00 元价位线附近震荡横盘，但整个均线组合已经收敛黏合到了一起，中长期均线走平，等待着变盘的到来。但从该股的表现来看，向上变盘的概率非常小，所以，投资者还是应以提早卖出为佳。

进入 2 月后，股价跌势更加明显，均线组合开始由黏合转为向下发散。与此同时，MACD 指标线也进入了空头市场之中，释放出了明显的看跌信号。

到了 2 月中下旬，该股在一次小幅反弹后大大加快了下跌速度，使得布林通道也开始向下开口了，下跌趋势基本得到确定，此时还未离场的投资者需要抓紧时间止损出局。

5.3.2　二次介入时可提前预判

在第一次买卖成功建立信心后，投资者自然会考虑第二次追进。在第二次建仓之前，投资者需要对明新旭腾的走势提前进行观察和分析，看能否在趋势还未转回上涨时就预判出合适的买入时机，进而抓住机会降低一部分持股成本。

卖出时机的把握也是一样的，投资者在股价尚处于上升期时，就可以借助四大指标来观察可能的卖点，进而实现及时的止盈或止损，降低被套的风险。

下面通过一个案例来进行解析。

实例分析

借助指标提前预判买卖点位置

图 5-17 为明新旭腾 2022 年 3 月至 7 月的 K 线图。

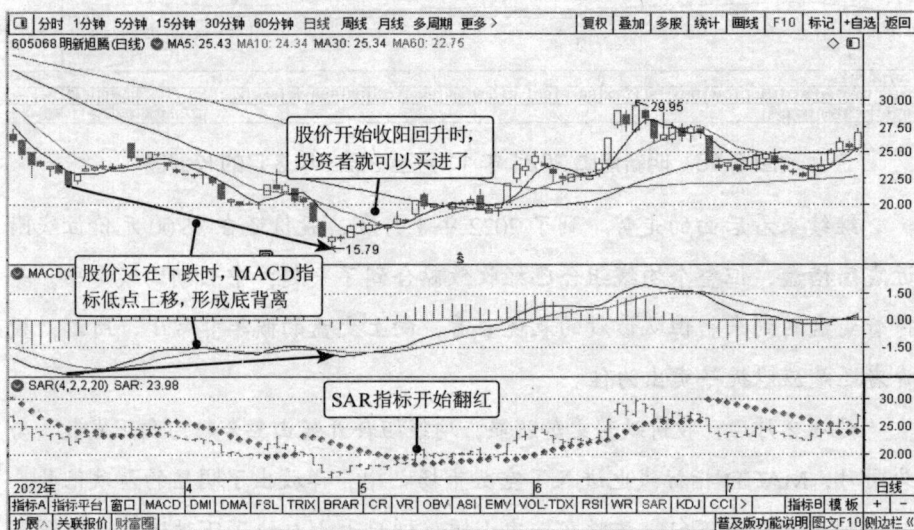

图 5-17　明新旭腾 2022 年 3 月至 7 月的 K 线图

在上一次从高位跌落后，明新旭腾于 2022 年 3 月中旬来到了 22.50 元价位线附近，在此短暂停留后形成小幅反弹，于 3 月底继续下跌。到了 4 月底，股价已经跌出了 15.79 元的低价。

但观察 MACD 指标就可以发现，当股价低点持续下移的同时，MACD 指标中 DIF 的低点却在明显上扬，二者形成了底背离形态。MACD 指标的底背离无疑是多方即将一转颓势开始推涨的预兆，因此，中线投资者就可以利用这一点提前准备。

在创出新低后不久，该股就出现了明显的上扬走势，激进型中线投资者早已建仓买进。待到股价上涨接近30日均线并成功突破，SAR指标也同步翻红时，趋势反转的确定性就更强了，此时谨慎型投资者也可以建仓，随后持股待涨。

图5-18为明新旭腾2022年5月至10月的K线图。

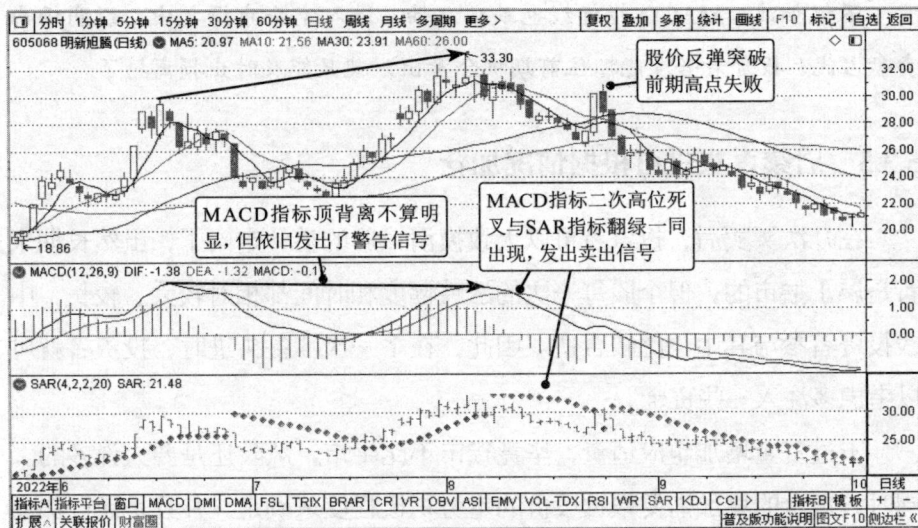

图5-18 明新旭腾2022年5月至10月的K线图

从明新旭腾后续的走势中可以看到，该股在经历两个多月的上涨后来到了30.00元价位线附近，在此受阻后出现回调迹象。由于该股本就处于猴市之中，投资者很难判断出这次下跌是否意味着上涨趋势的终结，因此，谨慎型投资者可以在下跌形成后迅速出局，惜售型投资者则要慎重观望。

7月上旬，股价跌至60日均线附近后受到支撑回升，说明此次上涨还有空间，此时还未卖出的投资者可以继续持有甚至还可以尝试加仓。后续的这波上涨明显更加平稳，但受制于猴市规律，持续时间并不长。在8月初，股价就在33.30元的位置见顶回落了，落到30.00元价位线上方横盘。

此时再来观察MACD指标，又可以看到在股价高点上移的同时，DIF

的高点出现了不太明显的下降，二者形成了一个预警信号强度不那么大的顶背离。尽管如此，机警的投资者依旧能够接收到危险信号，进而提前在股价横盘的位置出局。

数日后，K 线开始连续收阴下跌并跌破关键支撑线。MACD 指标在高位形成了二次死叉，SAR 指标也由红翻绿，说明下跌可能即将到来。事实也确实如此，股价在后续不仅跌破了 30 日均线，还在小幅反弹突破前高失败后继续下跌，将 60 日均线也跌破了，彻底进入下跌趋势之中。

不仅如此，MACD 指标线也跌破 0 轴，进入空头市场之中，说明场内卖盘占优，投资者若没能抓住前期机会卖出，就只能及时止损离场了。

5.3.3　后续再买进可根据情况加仓

在几次买卖后，投资者可以大致摸清该股的整体走向了，虽然长期来看是属于猴市的，但个股每一次的涨跌幅度和时间都相对较大、较长，中线投资者参与其中也比较合适。因此，在下一次准备买进时，投资者就可以考虑多注入一些资金。

不过资金增加也应适量，毕竟猴市不比牛市，风险还是要大许多的。同时，资金的增加需要根据股价的走势积极程度来确定，并且是通过加仓来增投，而非在建仓时就大批买进，这一点需要注意。

下面通过一个案例来进行解析。

实例分析
多次买卖成功后可适当加大资金投入

图 5-19 为明新旭腾 2022 年 9 月至 2023 年 1 月的 K 线图。

从图 5-19 中可以看到，该股在 2022 年 10 月初跌到了 20.00 元价位线上方，止跌后进入了新一轮上涨之中。与此同时，MACD 指标在低位形成了金叉上扬；布林通道中，K 线也成功突破到了布林中轨线之上，买进信号明显，中线投资者可再次介入。

待到 K 线彻底突破 30 日均线，并带动该均线完成了向上转向后，上涨趋势就基本得到了确定。可以看到，30 日均线对 K 线及短期均线形成了支撑，尽管 60 日均线还在转向的过程中，但逐浪上升的形态已经有所展现了。

这是股价涨势积极的象征，再加上 MACD 指标已经运行至 0 轴以上并积极上扬，K 线也长期运行在布林上通道内，该股此次的上涨空间可能比较大，中线投资者可以借此机会适当加仓。

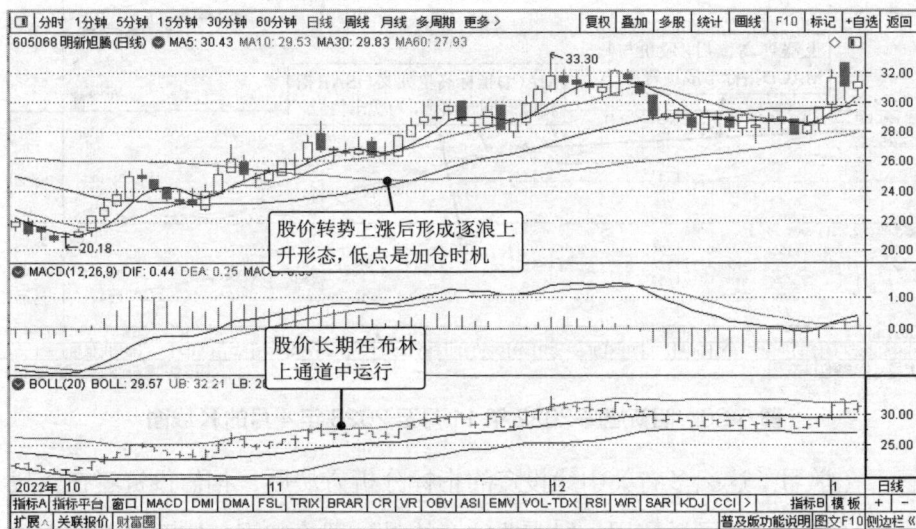

图 5-19　明新旭腾 2022 年 9 月至 2023 年 1 月的 K 线图

继续来看该股后续的走势。

图 5-20 为明新旭腾 2022 年 11 月至 2023 年 4 月的 K 线图。

12 月初，明新旭腾在 32.00 元价位线附近受阻后横盘滞涨，随后回调整理。此次下跌幅度并不大，股价在 28.00 元价位线上就得到支撑横盘了，并且在被动修复靠近 60 日均线之后被带动向上，回归上涨。

进入 2023 年 2 月后，股价成功突破前期高点，来到了 34.00 元价位线上方。但 MACD 指标的表现却没有这样积极，在 2 月初，DIF 的高点相较于 12 月初有了明显的下移，与股价形成了顶背离形态，传递出明显的见顶预警信号，谨慎型投资者此时就可以止盈出局了。

在此次预警后不久，股价便转势下跌了。MACD 指标高位死叉形成的同时，SAR 指标也由红翻绿，发出了强烈的卖出信号，催促投资者抓紧时间借高出货。在后续的走势中，股价接连跌破两条中长期均线，并使其扭转向下，下跌趋势得到确定，此时还未离场的投资者必须止损撤离了。

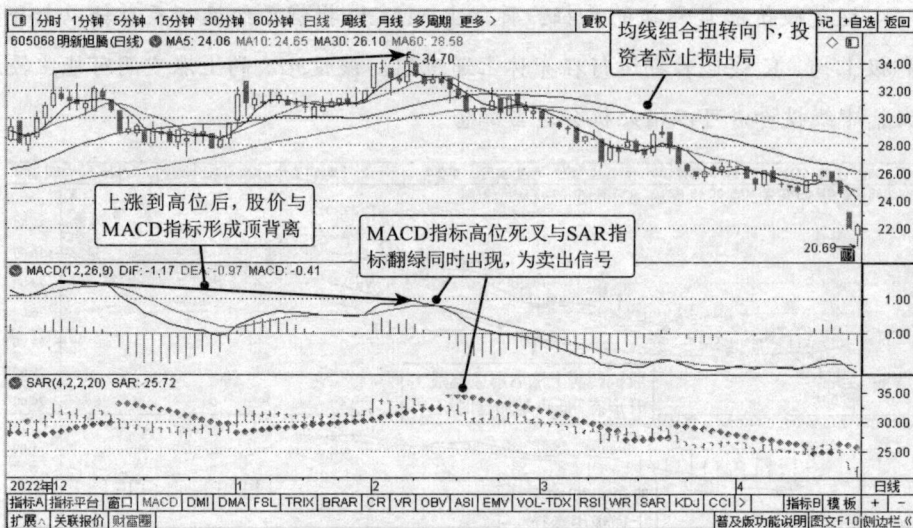

图 5-20　明新旭腾 2022 年 11 月至 2023 年 4 月的 K 线图

在学习了这么多有关中线投资的指标分析方法后，相信投资者在实战中已经能够实现灵活应用。但需要注意的是，理论知识与实践终归存在差距，影响股价变动的因素太多，投资者应根据实际情况具体分析，不可盲目按照本书解析的步骤操作。